He kupu nā te māia

He kupu nā te māia
He kohinga ruri nā
Maya Angelou

*He mea whakamāori e ngā Ika a Whiro o
Te Panekiretanga o te Reo
He mea kohikohi e Charisma Rangipunga rāua
ko Pānia Papa
He mea hōmiromiro e Karena Kelly*

KOTAHI RAU
PUKAPUKA

13

Auckland University Press

Ngā Wāhanga o Roto

He Kupu Whakataki   xi
   Nā Pānia Papa rāua ko Karena Kelly

TE WĀHANGA 1: Mō te whanaungatanga   1
  Human Family | Te Whānau Tangata   2
   Nā Urupikia Minhinnick i whakamāori
  Mother | E Mā   6
   Nā Urupikia Minhinnick i whakamāori
  Son to Mother | Tā te Tama ki tōna Whaea   14
   Nā Raiha Paki i whakamāori
  Kin | He Whanaunga   16
   Nā Helen Parker i whakamāori

TE WĀHANGA 2: Mō te mate kanehe   21
  Where We Belong, A Duet | Tō Tāua Tūrangawaewae, He Takirua   22
   Nā Helen Parker i whakamāori
  Just for a Time | Mō Tētahi Wā Noa   26
   Nā Beth Dixon rāua ko Rauhina Cooper i whakamāori
  Sounds Like Pearls | He Oro me he Peara   28
   Nā Heeni Brown i whakamāori
  Men | Kā Tāne   30
   Nā Hana O'Regan i whakamāori

Phenomenal Woman | Wahine Kātuarehe	34
Nā Ruth Smith i whakamāori	
Woman Me | Ko Wahine ko 'hau	40
Nā Corin Merrick i whakamāori	
Seven Women's Blessed Assurance | Te Tokowhitu o Kī Taurangi Whakamānawa	42
Nā Evelyn M Tobin i whakamāori	
Recovery | Whakaora	46
Nā Jamie Te Huia Cowell i whakamāori	
Impeccable Conception | Aitanga Paruhi Kau	48
Nā Evelyn M Tobin i whakamāori	
My Life Has Turned to Blue | Taku Ao Kua Aurehu Noa	50
Nā Evelyn M Tobin i whakamāori	
They Went Home | I Hoki Tonu Atu	52
Nā Shaia Twomey i whakamāori	
Poor Girl | I Wāna Nei Hoki	54
Nā Āwhina Twomey i whakamāori	
Is Love | Koia rā te Aroha	58
Nā Maria Huata i whakamāori	
TE WĀHANGA 3: Mō te oke o te ia rā	**61**
Momma Welfare Roll | Tā te Māmā Penihana	62
Nā Te Uranga Winiata i whakamāori	
Contemporary Announcement | Karere o te Wā	64
Nā Te Mihinga Komene i whakamāori	
Woman Work | Mahi Wahine	66
Nā Nichole Gully i whakamāori	
Born That Way | He Āhua Mai Rā Anō	70
Nā Haani Huata-Allen i whakamāori	
Weekend Glory | Te Korōria o te Wīkene	74
Nā Nellie-Ann Te Kowhai Abraham i whakamāori	

TE WĀHANGA 4: Mō te kirimangu — 79

Song for the Old Ones | He Waiata mō ngā Tīpuna — 80
  Nā Charisma Rangipunga i whakamāori

My Guilt | Taku Kaniawhea — 84
  Nā Beth Dixon rāua ko Rauhina Cooper i whakamāori

When I Think About Myself | Ka Mahara Ana Mōhoku Anō — 86
  Nā Gaynor Hakaria i whakamāori

One More Round | Kotahi Anō Rauna — 88
  Nā Nellie-Ann Te Kowhai Abraham i whakamāori

The Mothering Blackness | Te Ūkaipō Tiwhatiwha — 92
  Nā Hinurewa Poutū i whakamāori

Equality | Mana Ōrite — 94
  Nā Nichole Gully i whakamāori

Africa | Āwherika — 98
  Nā Hollie Smith i whakamāori

TE WĀHANGA 5: Mō te whakatōrea — 101

Still I Rise | Whātika Tonu Ai — 102
  Nā Karena Kelly i whakamāori

Caged Bird | Te Manu Here — 106
  Nā Mere Skerrett rāua ko Hana Mereraiha Skerrett-White i whakamāori

Life Doesn't Frighten Me | Kāre Au e Mataku ki te Ao — 110
  Nā Karuna Thurlow i whakamāori

Call Letters: Mrs. V. B. | He Kupu Oha: Mā V. B. — 114
  Nā Stephanie Huriana Fong rāua ko Jennifer Martin i whakamāori

Lord, in My Heart | E te Ariki, kei Taku Ngākau — 116
  Nā Corin Merrick i whakamāori

TE WĀHANGA 6: Mō te rere o te wā   121

  On Aging | Mō te Kaumātuatanga   122
    Nā Stephanie Huriana Fong rāua ko Jennifer Martin i whakamāori

  Passing Time | Ka Taka te Wā   124
    Nā Stephanie Huriana Fong rāua ko Jennifer Martin i whakamāori

  When Great Trees Fall | Ka Hinga Ana te Tōtara Nui   126
    Nā Jamie Te Huia Cowell i whakamāori

  Changing | E Huri Ana te Tai   130
    Nā Raiha Paki i whakamāori

  Remembering | Te Maumahara   132
    Nā Hinewai Pomare i whakamāori

  When You Come to Me | Ka Tae Mai Ana Koe   134
    Nā Hana O'Regan i whakamāori

  The Detached | Mahamaha Kore   136
    Nā Heeni Brown i whakamāori

  I Almost Remember | Kua Mahara Tonu Ahau   138
    Nā Wawaro Te Whaiti i whakamāori

  Old Folks Laugh | Ka Kata ngā Kaumātua   142
    Nā Te Uranga Winiata i whakamāori

  The Lesson | He Kura Huna   144
    Nā Hinurewa Poutū i whakamāori

  Refusal | Te Whakanau   146
    Nā Maiki Sherman i whakamāori

TE WĀHANGA 7: Mō te whakaao māramatanga   **149**

A Brave and Startling Truth | Te Māramatanga Tonutanga   150
Nā Makoha Gardiner i whakamāori

On the Pulse of Morning | I te Kakapa Manawa o te Rangi Hou   158
Nā Karena Kelly i whakamāori

Reverses | Mā Muri, ki Mua   168
Nā Charisma Rangipunga i whakamāori

Alone | Te Tū Takitahi   170
Nā Maiki Sherman i whakamāori

Late October | Whakapiri Kahuru   174
Nā Karuna Thurlow i whakamāori

Te Kaituhi   **178**
Te Kāhui Kaiwhakamāori   **179**

He Kupu Whakataki

E hau ana te rongo o Maya Angelou, puta noa i te ao, hei toki tārai kupu. He kanohi matawai i te ao me te ira tangata, he toa hoki mō te maungārongo, mō te orotau, me te aroha. Nō te tau 2014 i takoto oti atu ai te toki, engari e pāorooro tonu ana tana tohungatanga ki te karawhiu kōrero ka titi ki te manawa, e whai wāhi ai tana apataki ki ōna wheako me tana tirohanga motuhake ki te ao e noho nei tātou, ki tōna huatau me tōna anuanu, ki ōna toi kōpura me ōna ana pōtangotango.

He haurua rautau te roa o Maya Angelou e whakarākei ana i te ao ki ana kupu me ōna whakaaro, i hua mai ai ko te huhua o ana titonga kanorau, pukapuka mai, tuhingaroa mai, whakaari mai, ruri mai, nā, ko tētehi huinga o āna ruri tēnei te hora nei ki ngā rau o te pukapuka nei. Ko te reo taketake o te kuia kei te taha maui, ko te whakapuakanga o aua whakaaro rā ki te kupu Māori kei te taha katau.

Nā Kotahi Rau Pukapuka te karanga, ā, he mea whakautu taua karanga e te kāhui wāhine o Te Panekiretanga o te Reo, i rurukutia ai e te pou whakarae o Naia, e Charisma Rangipunga. Kua rauhītia ngā ruri ki ētehi kaupapa e hāngai ana ki te ao tonu o Maya Angelou, e whai pānga ana anō hoki ki a ngāi Māori, otirā, he toi kupu, he kura whakaaro:

 mō te whanaungatanga
 mō te mate kanehe
 mō te oke o te ia rā
 mō te kirimangu
 mō te rere o te wā
 mō te whakatōrea
 mō te whakaao māramatanga

Pērā i a Maya Angelou, ko ngā kaiwhakamāori katoa o te pukapuka nei he wāhine kua rongo, kua kite i te ihi o te whai reo, me te wehi o te reokoretanga. Kei tēnā me tēnā ōna anō wheako, tōna anō tirohanga, ōna anō whetū arataki, tōna anō tāera reo. Heoi anō, katoa e ngākau tapatahi ana i roto i te whai i tā te Tokotoru a Paewhiti i whakatō ai ki ō rātou ngākau, arā, kia tika, kia rere, kia Māori te reo, ka mutu, kia piripono ki ngā kura whakaaro i ā te kuia ruri taketake, kia wana, kia mārama hoki te whakamāoritanga, me kore noa e whai hua ēnei whakapetonga ngoi hei pānuitanga mā te ao kōrero Māori.

E te wahine toi kupu, e te māia, nāu te rākau i hahau, i tārai. He ringihanga ā-roi, ā-tōtā, ā-toto kei roto i ōna ripa. Te pō ki a koe, e kui. Te ao ki ō kura whakaaro.

Kei ngā "wāhine kātuarehe" o Te Panekiretanga o te Reo, nā koutou ngā kupu a te māia i ngao matariki, i rākai. Mei kore ake koutou e pakari nei ngā kaupapa hāpai i te reo i ō tātou whānau me ō tātou hapori, huri i ngā motu.

Ki ngā rau o te puka nei kitea ai te kikoha o ngā mata o ā koutou toki. Ki ngā kōrero mō tātou nā tātou anō i tito, hei āpitihanga ki ā te kuia ruri, kitea ai te ita o te taukaea e here nei i a tātou. Waihoki, ki konei whakamānawatia ai ā koutou ko Maya tārainga katoa ki te mihi, ki te kupu, ki te aroha.

Nā Pānia Papa (Pou Reo) me
Karena Kelly (Kanohi Hōmiromiro/Rauawa)
Kotahi Rau Pukapuka Trust

TE WĀHANGA 1
Mō te whanaungatanga

Human Family

I note the obvious differences
in the human family.
Some of us are serious,
some thrive on comedy.

Some declare their lives are lived
as true profundity,
and others claim they really live
the real reality.

The variety of our skin tones
can confuse, bemuse, delight,
brown and pink and beige and purple,
tan and blue and white.

I've sailed upon the seven seas
and stopped in every land,
I've seen the wonders of the world,
not yet one common man.

I know ten thousand women
called Jane and Mary Jane,
but I've not seen any two
who really were the same.

Mirror twins are different
although their features jibe,
and lovers think quite different thoughts
while lying side by side.

Te Whānau Tangata
He mea whakamāori nā Urupikia Minhinnick

E kite nei au i ngā tino rerekētanga
i te whānau tangata.
Ko ētahi he taumaha te wairua,
ko ētahi ka ora i te pukukata.

Ko ētahi ka whakapuaki
i te hōhonu o ō rātou ao,
heoi, hei tā ētahi atu ko ō rātou ao
te tūturutanga.

He kanorau nō ō tātou kiri
ka pōraru, ka nanu, ka pārekareka,
he koka, he māwhero, he hāuratea, he tawa,
he kenehuru, he kōtea, he mangaeka.

Kua terea e au ngā moana e whitu,
kua tū ki ia whenua rā,
kua kitea ngā mīharo o te ao,
me te kore e rite o te tangata.

He manomano wāhine e mōhio nei au
ko Hēni, ko Mere Hēni te tapanga,
engari kāore tētahi tokorua
e tino ōrite ana.

He rerekē ngā māhanga,
ahakoa ka ōrite te hanga,
ka rerekē tonu ō ngā ipo whakaaro
i a rāua e piritaha ana.

We love and lose in China,
we weep on England's moors,
and laugh and moan in Guinea,
and thrive on Spanish shores.

We seek success in Finland,
are born and die in Maine.
In minor ways we differ,
in major we're the same.

I note the obvious differences
between each sort and type,
but we are more alike, my friends,
than we are unalike.

We are more alike, my friends,
than we are unalike.

We are more alike, my friends,
than we are unalike.

I Haina, ka hotu te manawa,
i Ingarangi, ka tangi i ngā koraha,
i Kini, ka kata, ka tarawene,
ā, ka tōnui i ngā takutai Pāniora.

I Whinirana, ka whāia ko te angitu,
i Meina, ka whānau mai, ka mate atu ai.
Ahakoa ō tātou paku rerekētanga,
ko ngā mea nui ka ōrite mai.

Ka kitea ngā tino rerekētanga
i waenga i tēnā, me tēnā,
engari he nui ake ō tātou tauritenga
i ngā tauwehenga, e hoa mā.

He nui ake ō tātou tauritenga
i ngā tauwehenga, e hoa mā.

He nui ake ō tātou tauritenga
i ngā tauwehenga, e hoa mā.

Mother

A CRADLE TO HOLD ME

It is true
I was created in you.
It is also true
That you were created for me.
I owned your voice.
It was shaped and tuned to soothe me.
Your arms were molded
Into a cradle to hold me, to rock me.
The scent of your body was the air
Perfumed for me to breathe.

Mother,
During those early, dearest days
I did not dream that you had
A larger life which included me,
Among your other concerns,
For I had a life
Which was only you.

Time passed steadily and drew us apart.
I was unwilling.
I feared if I let you go
You would leave me eternally.
You smiled at my fears, saying
I could not stay in your lap forever
That one day you would have to stand

E Mā

He mea whakamāori nā Urupikia Minhinnick

HEI RINGA OKOOKO I AHAU

He pono
He mea hanga au i roto i a koe.
He pono hoki
He mea hanga koe mōku.
Nōku tonu tō reo.
He mea auaha kia aumārire mai hei whakatau i taku mauri.
Ko ō ringa he mea ahuahu
Hei ringa okooko i ahau, hei whakapīoioi i ahau.
Ko te tīere o tō tinana te hau
I whakakakaratia hei ānene māku.

E Mā,
I aua rā o te tīmatanga, o te arotau
Kāore au i moehewa
He ao korahi tōu i whai wāhi atu ai ahau,
I waenga i ō take kē atu,
Nō te mea ko tōku ao,
Ko koe anake.

Ka taka haere te wā, ā, ka whakawehe i a tāua.
I te horokukū au.
Ko taku mōniania ki te tuku i a koe
Kei wehe koe i ahau mō te ake tonu atu.
Ka mene koe i aku māharahara, ka kī mai
Tē taea taku noho tonu atu ki tō awhi ake, ake, ake
Ā tōna wā, ka mate koe ki te tū,

And where would I be?
You smiled again.
I did not.
Without warning you left me,
But you returned immediately.
You left again and returned,
I admit, quickly.
But relief did not rest with me easily.
You left again, but again returned.
You left again, but again returned.
Each time you reentered my world
You brought assurance.
Slowly I gained confidence.

You thought you knew me,
But I did know you,
You thought you were watching me,
But I did hold you securely in my sight,
Recording every movement,
Memorizing your smiles, tracing your frowns.
In your absence
I rehearsed you,
The way you had of singing
On a breeze,
While a sob lay
At the root of your song.

Ā, ki hea mai au?
Ka mene mai anō koe.
Engari anō au.
Whāia nei ka whakarērea au e koe,
Engari ka hoki tika mai koe.
Ka wehe anō, ka hoki mai anō,
Me kī, i tere te pēnā.
Engari kāore taku manawa i tau mārire.
Ka wehe anō koe, ka hoki mai anō.
Ka wehe anō koe, ka hoki mai anō.
I ia hokinga mai ki tōku ao
He whakatau mauri te haringa mai.
Nāwai rā ka māia haere au.

I mahara koe i mōhio mai koe ki ahau,
Engari i mōhio tonu ahau ki a koe,
I mahara koe i te mātakitaki mai koe i ahau,
Heoi i mau tonu koe i taku tirohanga,
E whakaata kau ana,
E maumahara ana ki ō menemene, e tāwhai ana i tō rae e kōruru ana.
I tō tamōtanga
I haratau ahau i a koe,
I tō momo i a koe e waiata ana
I runga i te kōhengi,
Ahakoa he horu
I te pūtake o tō waiata.

The way you posed your head
So that the light could caress your face
When you put your fingers on my hand
And your hand on my arm,
I was blessed with a sense of health,
Of strength and very good fortune.

You were always
The heart of happiness to me,
Bringing nougats of glee,
Sweets of open laughter.

I loved you even during the years
When you knew nothing
And I knew everything, I loved you still.
Condescendingly of course,
From my high perch
Of teenage wisdom.
I spoke sharply to you, often
Because you were slow to understand.
I grew older and
Was stunned to find
How much knowledge you had gleaned.
And so quickly.

Te taunga o tō upoko
Kia morimoritia tō mata e te aho
Ka pā ō matimati ki tōku ringa
Me tō ringa ki tōku,
I whakamānawatia ahau ki te rongo o te hauora,
O te kaha me te tino māngari.

Ko koe tonu rā
Te tau o taku ate,
E mau mai ana i ngā reka o te harikoa,
I ngā āwene o te pukukata.

I aroha tonu au ki a koe i ngā tau
Kāore koe i mōhio ki te aha rā
Ko au kē i te mōhio ki ngā mea katoa, ko te aroha mōu ka mau tonu.
Ahakoa te tapatu,
Atu i taku pae mōrunga
O te mātauranga rangatahi.
I rite tonu taku kōrero taikaha ki a koe,
He pōturi nōu ki te mārama mai.
Ka pakeke ake ahau, ā,
Ka tumeke au
I te nui o tō whakaemi mātauranga.
Me te tere anō hoki o te pēnā.

Mother, I have learned enough now
To know I have learned nearly nothing.
On this day
When mothers are being honored,
Let me thank you
That my selfishness, ignorance, and mockery
Did not bring you to
Discard me like a broken doll
Which had lost its favor.
I thank you that
You still find something in me
To cherish, to admire, and to love.

I thank you, Mother.
I love you.

E Mā, kua nui aku akoranga
E mōhio nei au karekau aku akoranga.
I tēnei rā
I te whakanuitanga o ngā whāea,
Tēnā koa, kia mihia koe e au
Kāore koe i ākina
E taku tūmatarau, e taku kūware, e taku haehae
Kia ruke atu i ahau me he tāre pakaru
Kua kore e paingia.
Tēnā koe mōu
E kite tonu nei i tētahi mea i roto i ahau
Hei maimoa, hei whakamiha, hei mateoha māu.

Tēnā koe, e Mā.
Ka aroha au ki a koe.

Son to Mother

I start no
wars, raining poison
on cathedrals,
melting Stars of David
into golden faucets
to be lighted by lamps
shaded by human skin.

I set no
store on the strange lands,
send no
missionaries beyond my
borders,
to plunder secrets
and barter souls.

They
say you took my manhood,
Momma.
Come sit on my lap
and tell me,
what do you want me to say
to them, just
before I annihilate
their ignorance?

Tā te Tama ki tōna Whaea
He mea whakamāori nā Raiha Paki

E kore au
e whakatū puehu, e uaina ai
ngā whare karakia ki te paihana,
e whakarewatia ai ngā whetū o Rāwiri
hei kōrere kōura
ka whakamuramuratia e te rama
e kōparetia ana ki te kiri tangata.

Kāore au
e monoa atu ki tauwhenua,
e tuku mihinare atu
ki tua i ōku
whenua,
ki te pāhua kura huna
me te hokohoko wairua.

Hei tā rātou,
nāu i takahi tōku mana tāne,
e Whae.
Haere mai, noho mai ki aku pona,
kī mai ki ahau,
he aha tō hiahia hei kōrero māku
ki a rātou, i mua tata
i taku turaki
i tō rātou kūare?

Kin

FOR BAILEY

We were entwined in red rings
Of blood and loneliness before
The first snows fell
Before muddy rivers seeded clouds
Above a virgin forest, and
Men ran naked, blue and black

Skinned into the warm embraces
Of Sheba, Eve and Lilith.
I was your sister.

You left me to force strangers
Into brother molds, exacting
Taxations they never
Owed or could ever pay.

You fought to die, thinking
In destruction lies the seed
Of birth. You may be right.

I will remember silent walks in
Southern woods and long talks
In low voices
Shielding meaning from the big ears
Of overcurious adults.

He Whanaunga

He mea whakamāori nā Helen Parker

MĀ BAILEY

I te paiheretia tāua ki ngā porotaka whero
O toto me mokemoke i mua noa
I te takanga o ngā puaheiri tuatahi
Nō mua i te ruinga kapua a ngā awa ehu
I runga i tētahi ngāherehere urutapu, ā,
Ka kirikau te oma a ngā tāne, pukepoto mai,
　mangumangu mai
Ki ngā ringa awhiawhi
O Hīpa, o Iwa me Ririta.
Ko au tō tuahine.

Nāu i riro ai māku te
Whakatūngāne i te tauhou, e tono
Tāke ana i ērā tē
Noho nama mai, e kore hoki e taea te utu.

I tohe koe kia mate, i tō whakapae
I roto i te anea ko te kano
O te whānautanga. He tika pea tāu.

Ka maharatia ngā hīkoi ngū
I ngā wao o te tonga me te kōrero roa
Mā te kōhimuhimu
Hei ārai tikanga i ngā taringa rahi
O te pakeke mahira rawa.

You may be right.
Your slow return from
Regions of terror and bloody
Screams, races my heart.

I hear again the laughter
Of children and see fireflies
Bursting tiny explosions in
An Arkansas twilight.

He tika pea tāu.
Ko tō āta hoki mai
I ngā rohe o whakatuatea, o
Maiorooro, e rere nei tōku manawa.

Ka rongo anō au i te kata
tamariki, ka kite hoki i ngā titiwai
He kowhera mākarokaro i
Te rikorikotanga i Ākanō.

TE WĀHANGA 2
Mō te mate kanehe

Where We Belong, A Duet

In every town and village,
In every city square,
In crowded places
I searched the faces
Hoping to find
Someone to care.

I read mysterious meanings
In the distant stars,
Then I went to schoolrooms
And poolrooms
And half-lighted cocktail bars.
Braving dangers,
Going with strangers,
I don't even remember their names.
I was quick and breezy
And always easy
Playing romantic games.

I wined and dined a thousand exotic Joans and Janes
In dusty dance halls, at debutante balls,
On lonely country lanes.
I fell in love forever,
Twice every year or so.
I wooed them sweetly, was theirs completely,
But they always let me go.
Saying bye now, no need to try now,
You don't have the proper charms.

Tō Tāua Tūrangawaewae, He Takirua
He mea whakamāori nā Helen Parker

I ia tāone, kāinga hoki,
I ngā pokapū tāone katoa,
I ngā wāhi kōpā
Tirohia ai ngā mata
Me kore noa e kitea
Tētahi hoa.

I mātaihia ngā kura huna
I ngā whetū tōriki rā,
Ka mātoro wharekura
Whare piriata
Pāpara kōrerehu hoki rā.
E mātātoa ana,
Ka haere tahi me tauhou mā,
Kāore nei e mahara ki ō rātou ingoa.
I ngāwari te whai mai
He rite tonu te hikawai
Hei kēmu whakaipoipo noa.

He mano Hoana, Hēni hoki i whakauwhia
I ngā wharekani pūehuehu, ki ngā kani whakanui,
Me ngā ara aroaroā i tuawhenua.
I mate au i te aroha,
Tōna rua huringa i te tau.
Ka patipati atu rā, mō rātou ka hoatu tōku katoa,
Engari makere ai ahau.
E poroaki mai ana ka kī, hei aha te ngana,
Kāore ō whanonga e tika.

Too sentimental and much too gentle
I don't tremble in your arms.

Then you rose into my life
Like a promised sunrise.
Brightening my days with the light in your eyes.
I've never been so strong,
Now I'm where I belong.

He panapana, he mākohakoha rawa
Tē tāwiri i ō ringa.

Kātahi koe ka whiti mai ki tōku ao
Me he atatū, te taurangi mai.
Ko ō whatu hei tūrama e kaha nei au.
Kua kore e pēnei rawa te pakari o te rae,
Ko konei taku mauri tau ai.

Just for a Time

Oh, how you used to walk
With that insouciant smile
I liked to hear you talk
And your style
Pleased me for a while.

You were my early love
New as a day breaking in Spring
You were the image of
Everything
That caused me to sing.

I don't like reminiscing
Nostalgia is not my forte
I don't spill tears
On yesterday's years
But honesty makes me say,
You were a precious pearl
How I loved to see you shine,
You were the perfect girl.
And you were mine.
For a time.
For a time.
Just for a time.

Mō Tētahi Wā Noa

He mea whakamāori nā Beth Dixon rāua ko Rauhina Cooper

Ē, ko te āhua o tō hīteki
Me tō menemene kore here
I paingia e au tō reo kōrero
Tō āhua
I āhumehume mai mō tētahi wā.

Ko koe taku tōrere pūhou
E hou ana, me te huakirangi i te Ahinui
Ko koe te ahureinga o
Ngā mea katoa
I korokī ai au.

Kāore au e pai ki te hokinga mahara
Ko te pūmaharatanga hai aha hoki rā
E kore aku waikamo e maringi rā
Ki ngā tau o tainahi
Engari ko taku ngākau pono e kōrero nei,
Ko koe te peara kāmehameha
Ko tō hana hai kai mā te ngākau,
Ko koe e hine, ko te paruhitanga.
Ā, ko koe te tau o taku ate.
Mō tētahi wā.
Mō tētahi wā.
Mō tētahi wā noa.

Sounds Like Pearls

Sounds
      Like pearls
Roll off your tongue
      To grace this eager ebon ear.

Doubt and fear,
      Ungainly things,
With blushings
Disappear.

He Oro me he Peara
He mea whakamāori nā Heeni Brown

He oro
    Me he peara
Ka taka i tō arero
    Hei mōtoi mō te taringa mangu e areare nei.

Ka wiwini ka wawana,
    He momo tonu e,
Muramura tau
Ka ngaro e.

Men

When I was young, I used to
Watch behind the curtains
As men walked up and down
The street. Wino men, old men.
Young men sharp as mustard.
See them. Men are always
Going somewhere.
They knew I was there. Fifteen
Years old and starving for them.
Under my window, they would pause,
Their shoulders high like the
Breasts of a young girl,
Jacket tails slapping over
Those behinds,
Men.

One day they hold you in the
Palms of their hands, gentle, as if you
Were the last raw egg in the world. Then
They tighten up. Just a little. The
First squeeze is nice. A quick hug.
Soft into your defenselessness. A little
More. The hurt begins. Wrench out a
Smile that slides around the fear. When the
Air disappears,
Your mind pops, exploding fiercely, briefly,
Like the head of a kitchen match. Shattered.
It is your juice

Kā Tāne

He mea whakamāori nā Dr Hana O'Regan

I taku taiohitaka, he wā
I whātaretare au i muri i kā ārai
I kā tāne e hīkoikoi ana i
Te rori. He tāne patu waipiro, he koroua.
He tāne rakatahi, taiea ana.
I kitea. He rite tonu tā te tāne
Haere wīwī, haere wāwā.
I mōhio rātau i reira au. Tekau mā rima
Kā tau, e mate ana i te hiakai ki a rātau.
I raro i taku mataaho, ka tūtatari rātau,
Kā pokohiwi kua hīkina
Me he ū taitamāhine,
Pākia ana kā remu o kā hākete
Ki ērā papaihore,
Kā tāne.
He wā ka āta puritia koe i
Ō rātau kapuka rika, ānō nei
Ko koe te hua manu mutuka i te ao. Kātahi
Ka kaha ake te pupuri. He paku noa. He
Pai te awhika tuatahi. He awhi poto.
He kāwari ki tō whakaruruka kore. Ka paku
Kaha ake. Ka tīmata a mamae. Tōia ana
Te mene kia mania i te mata o mataku. I te
Koreka o te hau,
Ko tō hinekaro ka pahū, ka papā, mō te wā popoto noa,
Ānō ko te pane o te māti. Pākarukaru ana.
Nōhou te wai

That runs down their legs. Staining their shoes.
When the earth rights itself again,
And taste tries to return to
the tongue,
Your body has slammed shut. Forever.
No keys exist.

Then the window draws full upon
Your mind. There, just beyond
The sway of curtains, men walk.
Knowing something.
Going someplace.
But this time, you will simply
Stand and watch.

Maybe.

E mariki ana i ō rātau wae. E pūriko ana i ō rātau hū.

Ina tau anō te ao,

Ā, ka whai kia hoki anō te roko ki

a Arero,

Kua katia rawatia tō tinana. Mō ake tonu atu.

Korekau he kī.

Kātahi kā ārai ka huaki rawa ki

Tō hinekaro. Kei kō atu

I te pīoioi o kā ārai, kā tāne e hīkoi ana.

E mātau ana ki te aha rā.

E hīkoi ana ki aua noa.

Heoi i tēnei wā, ko tāu noa

Ko te tū me te mātai atu.

Pea.

Phenomenal Woman

Pretty women wonder where my secret lies.
I'm not cute or built to suit a fashion model's size
But when I start to tell them,
They think I'm telling lies.
I say,
It's in the reach of my arms,
The span of my hips,
The stride of my step,
The curl of my lips.
I'm a woman
Phenomenally.
Phenomenal woman,
That's me.

I walk into a room
Just as cool as you please,
And to a man,
The fellows stand or
Fall down on their knees.
Then they swarm around me,
A hive of honey bees.
I say,
It's the fire in my eyes,
And the flash of my teeth,
The swing in my waist,
And the joy in my feet.

Wahine Kātuarehe

He mea whakamāori nā Ruth Smith

Ko taku kura huna koia tā te wahine purotu whai.
Kāore au i te tau, te hanga rānei ka mau i tā te whakakite
 e ō ai
Ā, kia tīmata taku whakamārama,
Ka pōhēhētia he rūpahu pai.
Anei tāku,
Kei te toro o aku ringa,
Te whānui o taku hope,
Kei te tau o taku hōkai,
Tō aku ngutu kōkōpē.
He wahine ahau
Kātuarehe ana.
Wahine kātuarehe,
Koia taku mana.

Tomokia ana he whare
Tau mārika ana,
Otirā, tae ana ki te tāne,
Rae roa ana te pane
Takapau mai rānei te mana.
Ka kotahi mai rātou,
Me he pī te hanga.
Anei tāku,
Kei te pakiri o aku niho,
Te kanapu kei aku mata,
Kei te kani o te wae,
Tā taku hope whakararata.

I'm a woman
Phenomenally.
Phenomenal woman,
That's me.

Men themselves have wondered
What they see in me.
They try so much
But they can't touch
My inner mystery.
When I try to show them,
They say they still can't see.
I say,
It's in the arch of my back,
The sun of my smile,
The ride of my breasts,
The grace of my style.
I'm a woman
Phenomenally.
Phenomenal woman,
That's me.

Now you understand
Just why my head's not bowed.
I don't shout or jump about
Or have to talk real loud.
When you see me passing,
It ought to make you proud.

He wahine ahau
Kātuarehe ana.
Wahine kātuarehe,
Koia taku mana.

Ko te tāne tonu ka mahara ake
He aha rā tēnei hanga.
Ka ngana pai
Engari e kore e pā mai
I taku motuhaketanga.
Ā, kia whakaaturia atu,
Auare ake ana.
Anei tāku,
Kei te ura o taku mene,
Te tāwhana o taku tuarā,
Kei te kūkupa o taku poho,
Te tau o taku rerehua.
He wahine ahau
Kātuarehe ana.
Wahine kātuarehe,
Koia taku mana.

Ināianei e mārama ana
Te korenga o taku māhunga e tūpou.
Kāore au e umere, e tarapēpeke,
E whakapararē rānei i te hau.
Ka kitea ana au e tōhipa ana,
Me whakahīhī mai koe ki a au.

I say,
It's in the click of my heels,
The bend of my hair,
the palm of my hand,
The need for my care.
'Cause I'm a woman
Phenomenally.
Phenomenal woman,
That's me.

Anei tāku,
Kei te tōrino o te makawe,
Te kora o aku wae,
kei te pārō o te ringa,
Te tōmina ki taku atawhai.
'Nā rā, he wahine ahau
Kātuarehe ana.
Wahine kātuarehe,
Koia taku mana.

Woman Me

Your smile, delicate
rumor of peace.
Deafening revolutions nestle in the
cleavage of
your breasts.
Beggar-Kings and red-ringed Priests
seek glory at the meeting
of your thighs.
A grasp of Lions. A lap of Lambs.

    Your tears, jeweled
    strewn a diadem
    caused Pharaohs to ride
    deep in the bosom of the
    Nile. Southern spas lash fast
    their doors upon the night when
    winds of death blow down your name
    A bride of hurricanes. A swarm of summer wind.

Your laughter, pealing tall
above the bells of ruined cathedrals.
Children reach between your teeth
for charts to live their lives.
A stomp of feet. A bevy of swift hands.

Ko Wahine ko 'hau
He mea whakamāori nā Corin Merrick

Tō mene, e tau ana,
he hau kōrero nō te rongomau.
He pāhoro pāorooro e noho haumaru nei i te whārua o
ōu nā ū.
Ko ngā Kīngi Pīnono me ngā Pirihi kahu-kura
ka rapa i te rekareka i te pūtahitanga
o ōu kūwhā.
He kaponga Raiona. He nohonga Rēme.

> Ō waikamo, he tongarerewa
> he heipane te raurohatanga
> i rere ai ngā Ariki ki tawhiti
> ki te rētōtanga o te poho o te
> Naera. Ka houhia ngā kūaha
> o ngā whare whakamīharo o te Tonga nō te pō
> ka rere atu ai tōu nā ingoa i runga i te hau
>   whakahaehae o Aituā
> Ko Hine-haumātakataka te haere atu nei.   He muinga
>   hau tīkākā.

Tō kata, ka titi ki runga ake
i ngā pere o ngā whare karakia kua paea.
Ka torotoro ngā tamariki ki waenga i ō niho
ki ngā mahere mō ō rātou ao tūroa.
He takahitanga wae. He ohinga ringa kakama.

Seven Women's Blessed Assurance

1
One thing about me,
I'm little and low,
find me a man
wherever I go.

2
They call me string bean
'cause I'm so tall.
Men see me,
they ready to fall.

3
I'm young as morning
and fresh as dew.
Everybody loves me
and so do you.

4
I'm fat as butter
and sweet as cake.
Men start to tremble
each time I shake.

Te Tokowhitu o Kī Taurangi Whakamānawa
He mea whakamāori nā Evelyn M Tobin

1
Ko tētahi āhua ōku,
he paku noa, he hahaka,
kite tonuhia he tāne māku,
ahakoa haere noa ki hea.

2
Ka kīia mai he pīna whīroki
i taku tū tāroaroa.
Kitea mai e ngā tāne,
ka rite te takataka e.

3
Me he tamāhine tūata au,
pērā i te hautōmai māori.
Arohaina mai e te katoa
tae noa mai ki a koe.

4
Me he pata taku metimeti,
me he keke te reka.
Ka ngāueue mai a Tāne mā
ina oioi haere ahau.

5
I'm little and lean,
sweet to the bone.
They like to pick me up
and carry me home.

6
When I passed forty
I dropped pretense,
'cause men like women
who got some sense.

7
Fifty-five is perfect,
So is fifty-nine,
'cause every man needs
to rest sometime.

5
He paku ahau, he tūai hoki,
kakara pai taku kiri.
Pai rātou ki te hiki mai i a au,
ka kawea ai ki te kāinga.

6
Kia hipa au i te whā tekau tau
ka taka iho aku whakataunga,
i te mea ka rata te tāne
ki te wahine mātauranga nui.

7
Tau pai ana te rima tekau mā rima,
Me te rima tekau mā iwa hoki,
i te mea ko ngā koroua katoa
me whakatā i tōna wā.

Recovery

FOR DUGALD

A last love,
proper in conclusion,
should snip the wings,
forbidding further flight.

But I, now,
reft of that confusion,
am lifted up
and speeding toward the light.

Whakaora

He mea whakamāori nā Jamie Te Huia Cowell

MĀ DUGALD

Ko te aroha pūmau,
hei te wā ka mutu kau,
ka kati i ngā parirau,
tē rere anō i runga hau.

Heoi anō, ko au, iāianā,
kua wātea i taua pōrauraha,
kua rewa ake ki runga rā,
ā, e rere atu ana ki te mārama.

Impeccable Conception

I met a Lady Poet
who took for inspiration
colored birds, and whispered words,
a lover's hesitation.

A falling leaf could stir her.
A wilting, dying rose
would make her write, both day and night,
the most rewarding prose.

She'd find a hidden meaning
in every pair of pants,
then hurry home to be alone
and write about romance.

Aitanga Paruhi Kau
He mea whakamāori nā Evelyn M Tobin

I tūtaki au i tētahi Kaitoi Pūkare
i wairua whakaihiihi ake
i ngā manu karakara o te wao, me te kohimu,
o te āhua pōkaku a Tahu.

Mā te tātaka rau ia e whakaoho.
He rohi parohea kua mate,
ka rere anō te tuhi, ao noa, pō noa,
whakairo kupu ai.

Ka kite ia i te tikanga huna
i tēnā me tēnā tarau,
ka whāwhai te hoki kia noho takitahi
e rere ai te pene tito whaiāipo.

My Life Has Turned to Blue

Our summer's gone,
the golden days are through.
The rosy dawns I used to
wake with you
have turned to grey,
my life has turned to blue.

The once-green lawns
glisten now with dew.
Red robin's gone,
down to the South he flew.
Left here alone,
my life has turned to blue.

I've heard the news
that winter too will pass,
that spring's a sign
that summer's due at last.
But until I see you
lying in green grass,
my life has turned to blue.

Taku Ao Kua Aurehu Noa
He mea whakamāori nā Evelyn M Tobin

Kua pahure kē a Raumati,
me ōna rangi rarama.
Ko ngā pūao mākuratea
i te aonga ake i ahau i tō taha
kua huri kia ōrangihina,
taku ao kua aurehu noa.

Ko ngā pangakuti māota o mua
e kōrata ana ki te haukū.
Kua heke haere a Kakaruwai,
ki te Tonga i rere atu ai.
Kua mahue iho nei i a ia,
taku ao kua aurehu noa.

Kua rongohia te karere
ko Takurua hoki ka hipa,
mā Aroaromahana e tohu
kua tau tonu a Raumati.
Erangi kia kitea rā anōtia koe e au
e tāpapa ana ki te karaihe matomato,
ko taku ao kua aurehu noa.

They Went Home

They went home and told their wives,
that never once in all their lives,
had they known a girl like me,
But... They went home.

They said my house was licking clean,
no word I spoke was ever mean,
I had an air of mystery,
But... They went home.

My praises were on all men's lips,
they liked my smile, my wit, my hips,
they'd spend one night, or two or three.
But...

I Hoki Tonu Atu
He mea whakamāori nā Shaia Twomey

I hoki rātou ki ō rātou kāinga, ka kī atu ki ō rātou hoa wāhine,
kāore anō i te roanga o te ora,
kia mōhio ki tētehi kōhine pēnei i a au,
Engari… I hoki tonu atu.

Kīia ai tōku whare, he mā katoa,
karekau aku kupu whakahāwea,
taku āhua, he porehu,
Engari… I hoki tonu atu.

He rite tonu te kōrerotia ōku e te ngutu tāne,
taku mene, taku atamai, taku hope i matarekatia,
ka moea mai e rātou te pō, ka rua rānei, ka toru rānei.
Engari…

Poor Girl

You've got another love
      and I know it
Someone who adores you
      just like me
Hanging on your words
      like they were gold
Thinking that she understands
      your soul
Poor Girl
      Just like me.

You're breaking another heart
      and I know it
And there's nothing
      I can do
If I try to tell her
      what I know
She'll misunderstand
      and make me go
Poor Girl
      Just like me.

I Wāna Nei Hoki
He mea whakamāori nā Āwhina Twomey

He ipo anō tāu,
    ā, e mōhio pū nei ahau
He wahine e mateoha kau ana ki a koe
    pēnei i ahau
Ka tāria ō kupu katoa
    ānō he kōura kē
He pōhēhē nōna kua mārama
    ki tō wairua
I wāna nei hoki
    Me ko au.

Ko te tīhaea e koe he ngākau anō,
    ā, e mōhio pū nei ahau
Kāore hoki e taea
    e au te pēwhea
Ki te ngana au ki te whāki atu ki a ia
    i tāku e mōhio nei
Kāore e aro i a ia
    me te aha ka panaia atu au
I wāna nei hoki
    Me ko au.

You're going to leave her too
    and I know it
She'll never know
    what made you go
She'll cry and wonder
    what went wrong
Then she'll begin
    to sing this song
Poor Girl
    Just like me.

Ka whakarērea hoki ia,
    ā, e mōhio pū nei ahau
E kore rawa ia e mōhio
    ki te take i rere atu ai koe
Ka tangi, ka whakaaro iho
    he aha i hē ai
Kātahi ia ka taki
    i tēnei o ngā wai
I wāna nei hoki
    Me ko au.

Is Love

Midwives and winding sheets
know birthing is hard
and dying is mean
and living's a trial in between.

Why do we journey, muttering
like rumors among the stars?
Is a dimension lost?
Is it love?

Koia rā te Aroha

He mea whakamāori nā Maria Huata

He mōhio te tapuhi me te hīti takawiri
ki te whēuaua o te wherereitanga
ki te kino o te mate
ki te para whakawai o te ora.

He aha hoki rā te take o tā tātou whīkoi
me he kōhimuhimu e tanguru ana i waenga whetū?
He ahunga ka ngaro?
Koia rā te aroha?

TE WĀHANGA 3
Mō te oke o te ia rā

Momma Welfare Roll

Her arms semaphore fat triangles,
Pudgy hands bunched on layered hips
Where bones idle under years of fatback
And lima beans.
Her jowls shiver in accusation
Of crimes clichéd by
Repetition. Her children, strangers
To childhood's toys, play
Best the games of darkened doorways,
Rooftop tag, and know the slick feel of
Other people's property.

Too fat to whore,
Too mad to work,
Searches her dreams for the
Lucky sign and walks bare-handed
Into a den of bureaucrats for
Her portion.
"They don't give me welfare.
I take it."

Tā te Māmā Penihana
He mea whakamāori nā Te Uranga Winiata

E rota ana ngā ringa kia niho mōmona ai te hanga,
Mau ana a ringa kunekune ki a hope apa rau,
I ngā kōiwi e hōngoingoi ana i raro i ngā tau o te hinu poaka
Me te pīni raima.
Wiri ana a kauae tautau i tāna whiu
I ngā hara kua māori noa iho i
Te hia nei toaitanga. He tauhou ana tamariki
Ki ngā taonga o te tamarikitanga, he
mōhio kē ki ngā kēmu o te mūhore,
Ki te aruaru i runga tuanui, mātau ana hoki ki te ihi
  o te pānga o
Ngā rawa a tangata kē.

Kua mōmona rawa hei kairau,
Kua hūneinei rawa hei kaimahi,
Rapua ana i ana moemoeā
Te tohu māngari, ka hīkoi atu ai ia ko te rae anake
Ki te ana o te kaimahi kāwanatanga kia riro ai i a ia
Tāna.
"Kāore rātou e tuku noa mai i te penihana.
Ko tāku kē he tango."

Contemporary Announcement

Ring the big bells,
cook the cow,
put on your silver locket.
The landlord is knocking at the door
and I've got the rent in my pocket.

Douse the lights,
hold your breath,
take my heart in your hand.
I lost my job two weeks ago
and rent day's here again.

Karere o te Wā

He mea whakamāori nā Te Mihinga Komene

Patua ngā pere nui,
tunua te kau,
heia tō mau kakī hiriwa.
E pātōtō mai ana te kairētiwhare i te kūaha
nā, he rēti kei taku pūkoro.

Tineia ngā raiti,
kukua tōu manawa,
kumua tōku manawa.
I whakakorengia taku mahi nō te rua wiki ki muri
nā, he rā rēti anō tēnei.

Woman Work

I've got the children to tend
The clothes to mend
The floor to mop
The food to shop
Then the chicken to fry
The baby to dry
I got company to feed
The garden to weed
I've got the shirts to press
The tots to dress
The cane to be cut
I gotta clean up this hut
Then see about the sick
And the cotton to pick.

Shine on me, sunshine
Rain on me, rain
Fall softly, dewdrops
And cool my brow again.

Storm, blow me from here
With your fiercest wind
Let me float across the sky
Till I can rest again.

Mahi Wahine

He mea whakamāori nā Nichole Gully

Māku ngā tamariki e tiaki
Ngā kākahu e tapi
Te papa e ūkui
Te kai e rauhī
Te heihei, ka paraitia
A pēpi, ka taorahia
Te manuhiri, me raupī
Te māra, me ngaki
Ngā hāte ka haeanahia
Ngā riki, ka kahutia
Ka topea te tōhuka
Me whakapai te whare rā
Te tūroro, me manaaki
Te kātene, me huti.

Whiti mai, e Te Rā
Ua mai, e Te Ua
Taka mai, Kōpata
Kia kōangi mai a Rae ki tua.

Pūhia atu au, Tāwhiri
Me tō hau pūkeri kau
Tukuna au kia rewa i te rangi
Kia whakangā anō au.

Fall gently, snowflakes
Cover me with white
Cold icy kisses and
Let me rest tonight.

Sun, rain, curving sky
Mountain, oceans, leaf and stone
Star shine, moon glow
You're all that I can call my own.

Rere mārire mai, e Te Huka
Uhia mai ahau
Ki te mahi a te ngutu keo
Hei te pō, ka rarau.

E Te Rā, e Te Ua, e Te Rangi-Tīwhana
Maunga, Moana, e te Whatu, e te Rau
Whetū kōriko, Hina pūhana
Ko koutou anake e taunaha nei au.

Born That Way

As far as possible, she strove
for them all. Arching her small
frame and grunting
prettily, her
fingers counting the roses
in the wallpaper.

Childhood whoring fitted her
for deceit. Daddy had been a
fondler. Soft lipped mouthings,
soft lapped rubbings.
A smile for pretty shoes,
a kiss could earn a dress.
And a private telephone
was worth the biggest old caress.

The neighbors and family friends
whispered she was seen
walking up and down the streets
when she was seventeen.
No one asked her reasons.
She couldn't even say.
She just took for granted
she was born that way.

He Āhua Mai Rā Anō

He mea whakamāori nā Haani Huata-Allen

He hiahia tōna, ko te manako nui,
kia eke Tangaroa. Me he tīwhana
tana hanga, he kūkū, he kākā
tana karanga,
he ringa tatau kau i ngā rōhi
i te piringa pātū.

He noa kē te rūkahu
i te mahi kairau. Tā Pāpā
he mori. He ngutu rere kau noa,
he ringa kōmiri hei hoa.
He mene, he hū ātaahua,
he kihi, he kahu pea.
Aī, he mirimiri,
he waea māku anake.

Kōhimuhimu ana te hapori
kua kitea ia
e patu nei i te rori
tekau mā whitu noa.
Kāore he whiu pātai.
Kāore he whakautu.
Ko tōna pōhēhē kē tēnei
He āhua mai rā anō.

As far as possible, she strove
for them all. Arching her small
frame and grunting
prettily, her
fingers counting the roses
in the wallpaper.

He hiahia tōna, ko te manako nui,
kia eke Tangaroa. Me he tīwhana
tana hanga, he kūkū, he kākā
tana karanga,
he ringa tatau kau i ngā rōhi
i te piringa pātū.

Weekend Glory

Some dichty folks
don't know the facts,
posin' and preenin'
and puttin' on acts,
stretchin' their necks
and strainin' their backs.

They move into condos
up over the ranks,
pawn their souls
to the local banks.
Buyin' big cars
they can't afford,
ridin' around town
actin' bored.

If they want to learn how to live life right,
they ought to study me on Saturday night.

My job at the plant
ain't the biggest bet,
but I pay my bills
and stay out of debt.
I get my hair done
for my own self's sake,
so I don't have to pick
and I don't have to rake.

Te Korōria o te Wīkene
He mea whakamāori nā Nellie-Ann Te Kowhai Abraham (Te Akamanea)

Kāore ētahi whakatarapī
e mōhio ki ngā meka,
ka whakaata, ka whakapai,
ka whakataruna, ka teka,
ka whātoro rā i ō rātou ua,
ka whakawhēnanau i ō rātou tua.

Ka hūnuku ki ngā nōhanga
kei runga ake i ngā ripa,
hokona atu ō rātou wairua
ki ngā pēke o te takiwā.
Ka hokona ngā waka nui
e kore e taea te utu,
huri haere ana i te tāone
ānō nei kua pāngū.

Ki te hiahia rātou ki te ako ki te noho tika mai,
me whakatātare mai rātou ki ahau i te Pōhoroi.

Kāore taku tūranga mahi i te mira
e whakawhiwhia ki te nui o te tahua,
engari ko aku nama, ka kapi katoa
mō te noho nama hoki, ka karo kau noa.
Ka whakapaingia aku makawe
hei painga mōku ake nei,
kia kore ai au e mate ki te hīkaro
ki te heru kē rānei.

Take the church money out
and head cross town
to my friend girl's house
where we plan our round.

We meet our men and go to a joint
where the music is blues
and to the point.

Folks write about me.
They just can't see
how I work all week
at the factory.
Then get spruced up
and laugh and dance
and turn away from worry
with sassy glance.

They accuse me of livin'
from day to day,
but who are they kiddin'?
So are they.

My life ain't heaven
but it sure ain't hell.
I'm not on top
but I call it swell
if I'm able to work
and get paid right
and have the luck to be Black
on a Saturday night.

Tangohia te moni mā te hāhi
ka whakawhiti atu i te tāone
ki te whare o taku keowherēne
ki reira whakatauria ai tā māua hāereere.

Ka tūtaki ki ā māua tāne ka haere ai ki te pāpara
ko te puoro tautito tērā ka whakatangihia,
ā, kotahi atu ana ki te kaupapa.

Ka tuhi ētahi mōku.
Tē taea e rātou te kite
te āhua o taku mahi mō te roanga o te wiki
ki te wheketere.
Kātahi ka whakapaingia ake,
ka kata, ā, ka kani,
ka whakapeauhia ngā anipā
mā te kōrewha māia anō hoki.

Ka whakatuaki mai rātou i taku oranga
rā atu, rā mai,
engari ko rātou hoki tērā.
Anā, te hia pai!

Ehara taku ao i te tihi o Hīona
engari ehara rawa hoki i te kāinga o Hātana.
Kāore au i runga noa atu
engari ka kīia e au he pai
me ka taea e au te mahi,
ā, ka tika te utu mai,
ā, ka waimarie kia Mangu
i tētahi Pōhoroi.

TE WĀHANGA 4
Mō te kirimangu

Song for the Old Ones

My Fathers sit on benches
      their flesh counts every plank
      the slats leave dents of darkness
deep in their withered flanks.

They nod like broken candles
      all waxed and burnt profound
      they say "It's understanding
that makes the world go round."

There in those pleated faces
      I see the auction block
      the chains and slavery's coffles
the whip and lash and stock.

My Fathers speak in voices
      that shred my fact and sound
      they say "It's our submission
that makes the world go round."

They used the finest cunning
      their naked wits and wiles
      the lowly Uncle Tomming
and Aunt Jemimas' smiles.

They've laughed to shield their crying
      then shuffled through their dreams
      and stepped 'n' fetched a country
to write the blues with screams.

He Waiata mō ngā Tīpuna
He mea whakamāori nā Charisma Rangipunga

Ko aku Hākoro kei te pae
    ko te kiko ka tino rongo
        i te ngau o te rākau
i te kiri o te nono.

Ka tungou ānō he kānara
    ko te kiri me he tuna
        ko tā rātou "Ko te māramatanga
tēnei mea te kura huna."

I te kurehe o te peha
    ka kitea te papa hoko
        me ngā here i ō taurekareka
ringaringa, wae, me poko.

Ko te reo o aku Tīpuna
    ka whakatangi i ahau
        ko tā rātou "Ko te koropiko
tēnei mea te kura hou."

Ko te koi me te rauhanga
    ko tō rātou atamai
        he mea huna nō rātou
ka mene kurī ai.

Ko kata hei maru waikamo
    ko moemoeā te papa
        he mea tārai te motu
ki te koto a te apa.

I understand their meaning
        it could and did derive
        from living on the edge of death
They kept my race alive.

Ko tā rātou tikanga
    i te pari o te rua
    ka mārama ki ahau
Ko taku oranga te hua.

My Guilt

My guilt is "slavery's chains,"
  too long
the clang of iron falls down the years.
This brother's sold, this sister's gone,
is bitter wax, lining my ears.
My guilt made music with the tears.

My crime is "heroes, dead and gone,"
dead Vesey, Turner, Gabriel,
dead Malcolm, Marcus, Martin King.
They fought too hard, they loved too well.
My crime is I'm alive to tell.

My sin is "hanging from a tree,"
I do not scream, it makes me proud.
I take to dying like a man.
I do it to impress the crowd.
My sin lies in not screaming loud.

Taku Kaniawhea

He mea whakamāori nā Beth Dixon rāua ko Rauhina Cooper

Ko taku kaniawhea he "mekameka taurekareka,"
   roa rawa nei,
ka pakō te rino, haere nei ngā tau.
Hokona atu tēnei tungāne, whakangaro atu tēnei tuahine,
he tāturi kei aku taringa.
I puorotia taku kaniawhea ki te waikamo.

Ko taku hara ko ngā "hautipua, kua whetūrangitia,"
ko Vesey, ko Turner, ko Gabriel kua ngaro,
ko Malcolm, ko Marcus, ko Martin King kua moe.
He nui rawa nō te aroha, me te oke ururoa.
Ko taku hara ko 'hau e ora tonu nei.

Ko taku hara ko te "iriiri i te rākau,"
e kore au e tioro, e whakahīhī ai au.
Tū tangata nei au ki te karanga o Aituā.
Hei whakawehi i te whakaminenga.
Ko taku hara, ko taku kore e tīorooro atu nei.

When I Think About Myself

When I think about myself,
I almost laugh myself to death,
My life has been one great big joke,
A dance that's walked,
A song that's spoke,
I laugh so hard I almost choke,
When I think about myself.

Sixty years in these folks' world,
The child I works for calls me girl,
I say "Yes ma'am" for working's sake.
Too proud to bend,
Too poor to break,
I laugh until my stomach ache,
When I think about myself.

My folks can make me split my side,
I laughed so hard I nearly died,
The tales they tell sound just like lying,
They grow the fruit,
But eat the rind,
I laugh until I start to crying,
When I think about my folks.

Ka Mahara Ana Mōhoku Anō
He mea whakamāori nā Gaynor Hakaria

Ka mahara ana au mōhoku anō,
Ka tata mate au i te kata,
Pūhohe katoa tōhoku ao katoa,
He kanikani ko hīkoia,
He waiata ko kupu noa,
Koi rāoa au i taku kata,
Ka mahara ana au mōhoku anō.

Ono kahuru tau oti i tō rātou ao,
He kera taku pāhi, ka mea mai, "E kō,"
Mea atu au "Āe" hai whakaaio whenua.
Tōtara rawa kia piko,
Pōhara rawa kia whati,
Ka kata kia ngaua rā anō te puku,
Ka mahara ana au mōhoku anō.

Pakaru mai te kata i ōhoku mātua,
Koi mate au i te kata haunene,
He kōrero whakamōmona pea te roko atu,
Mā rātou te māra e kaki,
Engari ko te hiako kē hei kai,
Matawaia ana kā karu i te kata,
Ka mahara ana mō ōhoku mātua.

One More Round

There ain't no pay beneath the sun
As sweet as rest when a job's well done.
I was born to work up to my grave
But I was not born
To be a slave.

   One more round
   And let's heave it down,
   One more round
   And let's heave it down.

Papa drove steel and Momma stood guard,
I never heard them holler 'cause the work was hard.
They were born to work up to their graves
But they were not born
To be worked-out slaves.

   One more round
   And let's heave it down,
   One more round
   And let's heave it down.

Kotahi Anō Rauna

He mea whakamāori nā Nellie-Ann Te Kowhai Abraham (Te Akamanea)

Kāore he utu ka whitikina e te rā
I tua atu i te okioki i tō te mahi whakaotinga.
I whānau mai au kia ringa raupā tae noa ki te wā ka tanumia
Engari kāore au i whānau mai
Kia taurekarekatia.

Kotahi anō rauna
Tōia rā,
Kotahi anō rauna
Kia tōia rā.

He haukuru rino tā Pāpā, ko tā Māmā he tautiaki,
Tē rangona te pararē i a rāua he uaua rawa nō ngā mahi.
I whānau mai rāua kia ringa raupā tae noa ki te wā ka
  tanumia
Engari kāore rāua i whānau mai
Kia ruha i te taurekarekatia.

Kotahi anō rauna
Tōia rā,
Kotahi anō rauna
Kia tōia rā.

Brothers and sisters know the daily grind,
It was not labor made them lose their minds.
They were born to work up to their graves
But they were not born
To be worked-out slaves.

One more round
And let's heave it down,
One more round
And let's heave it down.

And now I'll tell you my Golden Rule,
I was born to work but I ain't no mule.
I was born to work up to my grave
But I was not born
To be a slave.

One more round
And let's heave it down,
One more round
And let's heave it down.

Mōhio pū ana ngā tungāne me ngā tuākana ki te
   whakapaunga kaha,
Ehara nā te mahi te hē haere o ngā rā.
I whānau mai rātou kia ringa raupā tae noa ki te wā ka
   tanumia
Engari kāore rātou i whānau mai
Kia ruha i te taurekarekatia.

Kotahi anō rauna
Tōia rā,
Kotahi anō rauna
Kia tōia rā.

Na, ināianā, ka whākina atu taku Ture Kōura,
I whānau mai au ki te mahi engari ehara au i te miūra.
I whānau mai au kia ringa raupā tae noa ki te wā ka
   tanumia
Engari kāore au i whānau mai
Kia taurekarekatia.

Kotahi anō rauna
Tōia rā,
Kotahi anō rauna
Kia tōia rā.

The Mothering Blackness

She came home running
    back to the mothering blackness
    deep in the smothering blackness
white tears icicle gold plains of her face
    She came home running

She came down creeping
    here to the black arms waiting
    now to the warm heart waiting
rime of alien dreams befrosts her rich brown face
    She came down creeping

She came home blameless
    black yet as Hagar's daughter
    tall as was Sheba's daughter
threats of northern winds die on the desert's face
    She came home blameless

Te Ūkaipō Tiwhatiwha
He mea whakamāori nā Dr Hinurewa Poutū

I whati mai ia ki te ūkaipō
    i waihape mai ki te ūkaipō tiwhatiwha
    ki te rētōtanga o te tiwhatiwha tāmoe
he tioata ngā wairutu tea i ngā mānia ura o tōna mata
    I whati mai ia ki te ūkaipō

I konihi tana heke mai
    ki ngā ringaringa tiwhatiwha e whanga nei
    āianei ki te ngākau āhuru e whanga nei
ka hauhunga tōna mata hāura e te moehewa mōriroriro
    I konihi tana heke mai

Harakore ana tana hokinga mai
    he mangu me ko te tamāhine a Heikā
    he tāroa me ko te tamāhine a Hīpa
roroku kau ana te hauraro i te mata o te koraha
    Harakore ana tana hokinga mai

Equality

You declare you see me dimly
through a glass which will not shine,
though I stand before you boldly,
trim in rank and marking time.

You do own to hear me faintly
as a whisper out of range,
while my drums beat out the message
and the rhythms never change.

Equality, and I will be free.
Equality, and I will be free.

You announce my ways are wanton,
that I fly from man to man,
but if I'm just a shadow to you,
could you ever understand?

We have lived a painful history,
we know the shameful past,
but I keep on marching forward,
and you keep on coming last.

Equality, and I will be free.
Equality, and I will be free.

Mana Ōrite

He mea whakamāori nā Nichole Gully

Ki tāu, he pūrehu noa au
i te karaehe tē pīata.
Ahakoa tū niwha ana au,
tū ā-kapa me te mātai wā.

Hei tāu, tamumu noa ahau,
me he kohimu i tawhiti.
Heoi, aku taramu me ana karere rā,
he rite tonu te pātuki.

Mana ōrite, e herekore ai au.
Mana ōrite, e herekore ai au.

Pāho ana koe, he hikawai au,
rere ana ki Tāne maha.
Me he ata noa ahau ki a koe,
ka pēhea tō mārama?

Tō mātou hītōria tārūrū nui,
ngā kino o nehe, ka mauroa.
Heoi, rangatū whakamua ai au,
engari koutou, e kore e toa.

Mana ōrite, e herekore ai au.
Mana ōrite, e herekore ai au.

Take the blinders from your vision,
take the padding from your ears,
and confess you've heard me crying,
and admit you've seen my tears.

Hear the tempo so compelling,
hear the blood throb in my veins.
Yes, my drums are beating nightly,
and the rhythms never change.

Equality, and I will be free.
Equality, and I will be free.

Unuhia ō ārai whatu.
Ō puru taringa, tangohia.
Kua rangona aku tangi, nē?
Aku roimata, kua kitea.

Pārekareka ana te taki,
ngā ia-toto, ka whētuki.
Āe, taramuhia ai i ia te pō.
He rite tonu te pātuki.

Mana ōrite, e herekore ai au.
Mana ōrite, e herekore ai au.

Africa

Thus she had lain
sugarcane sweet
deserts her hair
golden her feet
mountains her breasts
two Niles her tears.
Thus she has lain
Black through the years.

Over the white seas
rime white and cold
brigands ungentled
icicle bold
took her young daughters
sold her strong sons
churched her with Jesus
bled her with guns.
Thus she has lain.

Now she is rising
remember her pain
remember the losses
her screams loud and vain
remember her riches
her history slain
now she is striding
although she had lain.

Āwherika

He mea whakamāori nā Hollie Smith

I tīraha mai ia
he mīere te reka
he onetapu te uru
he haeata ngā rapa
he hīnga pae hei uma
ōna roirua hei Naera.
Ka tīraha mai ia
Tāhū tonu ana.

Ki tua rā o tai tea
niho tio anuanu kau
te kaimuru whakariha
mārō kau ana te ngau
i kāwhakina āna tamāhine
ko āna tama ka hokona
i rumakina ki ā Ihu
te mōmona i murua.
Ka tīraha kau noa ia.

Kua matike ake ia
ka ngau tonu te haehae
kei te ngākau ngā mate
tē ea i a hotu te mamae
ka manatu ki tana aho rangatira
ki a ia anō i takahia
nāwai kē i tīraha rā
ko ia e wana ake ana.

TE WĀHANGA 5
Mō te whakatōrea

Still I Rise

You may write me down in history
With your bitter, twisted lies,
You may trod me in the very dirt
But still, like dust, I'll rise.

Does my sassiness upset you?
Why are you beset with gloom?
'Cause I walk like I've got oil wells
Pumping in my living room.

Just like moons and like suns,
With the certainty of tides,
Just like hopes springing high,
Still I'll rise.

Did you want to see me broken?
Bowed head and lowered eyes?
Shoulders falling down like teardrops,
Weakened by my soulful cries?

Does my haughtiness offend you?
Don't you take it awful hard
'Cause I laugh like I've got gold mines
Diggin' in my own backyard.

You may shoot me with your words,
You may cut me with your eyes,
You may kill me with your hatefulness,
But still, like air, I'll rise.

Whātika Tonu Ai

He mea whakamāori nā Dr Karena Kelly

Māu pea au e tuhi
Ki ō kōrero parau,
Kia takahia, me he puehu
Ka tutū ahau.

Ko taku whakahīhī tāu
E tiwhatiwha ana?
Ānō he puna hinu
Kei taku nohomanga.

Me he marama, me he rā,
Me te pūmau o te tai,
Me he manako ka pupū au,
Whātika tonu ai.

Ko tō mina kia hinga au?
Kia piko taku rae?
Pokohiwi me he roimata,
Ka tangi pāmamae?

He hara taku ihu tū?
Kei pōkēkē mai nā
I taku kata ānō nei
He kōura i taku pā.

Ko ō kupu hei matā,
Ko ō mata hei hahau,
Hei aha tō tūkino mai
Me te āngi tonu au.

Does my sexiness upset you?
Does it come as a surprise
That I dance like I've got diamonds
At the meeting of my thighs?

Out of the huts of history's shame
I rise
Up from a past that's rooted in pain
I rise
I'm a black ocean, leaping and wide,
Welling and swelling I bear in the tide.

Leaving behind nights of terror and fear
I rise
Into a daybreak that's wondrously clear
I rise
Bringing the gifts that my ancestors gave,
I am the dream and the hope of the slave.
I rise
I rise
I rise.

He aha tāu e pairi nā?
Taku taera? Taku hana?
Ānō kei te tūtakitanga kūhā
He taimana?

Mai i ngā wharau o te rōrī o mua
Whātika ake ai
Mai i te mamae o nehe, ki tua
Whātika ake ai
He moana uri au, māhorahora pai,
Ka kukune, ka pupuke, ka wahaina te tai.

Waiho rā ngā pō whakatuatea
Whātika ake ai
Nau mai te ata, te ao matatea
Whātika ake ai
Kei ahau ngā tukuhanga mai a rātou mā,
Ko au ko tō te taurekareka moemoeā.
Ka piki
Ka kake
Whātika ake ai.

Caged Bird

A free bird leaps
on the back of the wind
and floats downstream
till the current ends
and dips his wing
in the orange sun rays
and dares to claim the sky.

But a bird that stalks
down his narrow cage
can seldom see through
his bars of rage
his wings are clipped and
his feet are tied
so he opens his throat to sing.

The caged bird sings
with a fearful trill
of things unknown
but longed for still
and his tune is heard
on the distant hill
for the caged bird
sings of freedom.

Te Manu Here
He mea whakamāori nā Dr Mere Skerrett rāua ko Hana Mereraiha Skerrett-White

He manu rere ka hoka
i te tuarā o Tāwhirimātea
ka kōrewa haere i te au o te awa
tae atu rā ki tōna mutunga
ka tautaungia ai tōna parirau
ki ngā hihi peapeau o te rā,
ā, nōna katoa te rangi.

Engari anō te manu ka toihā haere
i te whāititanga o tana nohoanga
nā tana ārai o te riri
ka rehurehu noa te tirohanga
ko ōna parirau kua kotia
ko ōna waewae kua herea
ka puare mai te korokoro, ka tangi.

Ka tangi te manu here
ka tangi wiwini, ka tangi wawana
ki te mea ngaro
e rapua tonutia ana
ko tana reo ka rangona
i te puke kei tawhiti rā
ka tangi te manu here
kia wātea ai ia.

The free bird thinks of another breeze
and the trade winds soft through the sighing trees
and the fat worms waiting on a dawn-bright lawn
and he names the sky his own.

But a caged bird stands on the grave of dreams
his shadow shouts on a nightmare scream
his wings are clipped and his feet are tied
so he opens his throat to sing.

The caged bird sings
with a fearful trill
of things unknown
but longed for still
and his tune is heard
on the distant hill
for the caged bird
sings of freedom.

Ka whakaaro te manu rere ki tētehi atu hau
ki te hau maiangi ka mirimiri i ngā rākau
ki te noke mōmona i te papa ari-ata,
ā, nōna katoa te rangi.

Engari anō te manu here ka tū ki te rua o moemoeā
ka ōi tana ātārangi i te tioro moepapa
ko ōna parirau kua kotia, ko ōna waewae kua herea
ka puare mai te korokoro, ka tangi.

Ka tangi te manu here
ka tangi wiwini, ka tangi wawana
ki te mea ngaro
e rapua tonutia ana
ko tana reo ka rangona
kei tawhiti rā
ka tangi te manu here
kia wātea ai ia.

Life Doesn't Frighten Me

Shadows on the wall
Noises down the hall
Life doesn't frighten me at all
Bad dogs barking loud
Big ghosts in a cloud
Life doesn't frighten me at all.

Mean old Mother Goose
Lions on the loose
They don't frighten me at all
Dragons breathing flame
On my counterpane
That doesn't frighten me at all.

I go boo
Make them shoo
I make fun
Way they run
I won't cry
So they fly
I just smile
They go wild
Life doesn't frighten me at all.

Kāre Au e Mataku ki te Ao
He mea whakamāori nā Karuna Thurlow

He ata ki te tuaroko
Manioro ki te hōro
Kāre au e mataku ki te ao
Kurī kino he auau te oro
Kēhua nui ki rō pāroro
Kāre au e mataku ki te ao.

Rotarota wetiweti
Raiona ko mawhiti
Kāre tahi au e mataku ki ērā
Hau kāpura tarākona
Ki ruka i taku moeka
Kāre tahi au e mataku ki tērā.

Ka kī au, ha
Ka wehe ērā
Ka kata au
Oma atu rātau
Kāre au e taki
Ko rātau ki te raki
Ka mene noa au,
Ā, ka keka rātau
Kāre au e mataku ki te ao.

Tough guys in a fight
All alone at night
Life doesn't frighten me at all.
Panthers in the park
Strangers in the dark
No, they don't frighten me at all.

That new classroom where
Boys all pull my hair
(Kissy little girls
With their hair in curls)
They don't frighten me at all.

Don't show me frogs and snakes
And listen for my scream,
If I'm afraid at all
It's only in my dreams.

I've got a magic charm
That I keep up my sleeve,
I can walk the ocean floor
And never have to breathe.

Life doesn't frighten me at all
Not at all
Not at all.
Life doesn't frighten me at all.

Taikaha mā ka kakari
I te pō ka tū tōtahi
Kāre au e mataku ki te ao.
I te pāka he panata
I te pōuri he takata
E kāo, kāre tahi au e mataku ki ērā.

Tērā akomaka hou rawa
E kume huru ai kā tama
(Kōtiro kihikihi
Me te huru mikimiki)
Kāre tahi au e mataku ki ērā.

Kauraka e homai nākahi
Tāria ai tāhaku tīwē,
Ki te paku wehi nei ahau
Kai aku moepapa noa kē.

He kauhauora tāhaku
Kai roto i a au,
Kia hīkoia te papa moana
Hai aha te whai hau.

Kāre au e mataku ki te ao
E kore nei
E kore nei.
Kāre au e mataku ki te ao.

Call Letters: Mrs. V. B.

Ships?
Sure I'll sail them.
Show me the boat,
If it'll float,
I'll sail it.

Men?
Yes I'll love them.
If they've got the style,
To make me smile,
I'll love them.

Life?
'Course I'll live it.
Let me have breath,
Just to my death,
And I'll live it.

Failure?
I'm not ashamed to tell it,
I never learned to spell it.
Not Failure.

He Kupu Oha: Mā V. B.

He mea whakamāori nā Stephanie Huriana Fong rāua ko Dr Jennifer Martin

He kaipuke?
Ka tere mārika i a au.
Te poti, tohua mai,
Ki te rewa pai,
Ka whakaterea e au.

Ngāi tāne?
Āna, ka arohaina e au.
Me i a rātou te huatau,
E mene ai ahau,
Ka arohaina rā.

Te ora?
Ehara, ka ora pai ahau.
Ki a au te hā,
Kia pau noa aku rā,
Ka ora mārika ahau.

Te mūhore?
Hore aku ngutu e whakamā,
Tē oti i ahau te tā.
Hei aha māku a Mūhore.

Lord, in My Heart

FOR COUNTEE CULLEN

Holy haloes
    Ring me round

Spirit waves on
    Spirit sound

Meshach and
    Abednego

Golden chariot
    Swinging low

I recite them
    in my sleep

Jordan's cold
    and briny deep

Bible lessons
    Sunday school

Bow before the
    Golden Rule

Now I wonder
    If I tried

Could I turn my
    cheek aside

E te Ariki, kei Taku Ngākau
He mea whakamāori nā Corin Merrick

MĀ COUNTEE CULLEN

Āwheo tapu
    Āwheo tau

Pioi ā-wairua
    Tangi ā-ngākau

Apere-neko me
    Mihaka

Hāriata kōura
    Heke iho raka

Nōku e moe ana
    tākina ai

Hōrano hōhonu
    hotohoto waitai

Akoranga Paipera
    kura Rā Tapu

Koropiko ana ki te
    Ture Tapu

Ka mahara au
    Mēnā au ka ngana

Ka taea rānei
    te arokoretanga

Marvelling with
    afterthought

Let the blow fall
    saying naught

Of my true Christ-
    like control

And the nature
    of my soul

Would I strike with
    rage divine

Till the culprit
    fell supine

Hit out broad all
    fury red

Till my foes are
    fallen dead

Teachers of my
    early youth

Taught forgiveness
    stressed the truth

Here then is my
Christian lack:

If I'm struck then
    I'll strike back.

Ka mīharo ki te
    whakaaro taka noa

Tukuna kia patua
    ka wahangū katoa

Mō te tau o taku mauri
    ānō ko Karaiti au

Me te āhua tonu
    o taku wairua, taku hau

Ka kurua rānei
    ki te nguha atua

Kia tīraha rā anō
    te kaihara ki mua

Kia rere rā te patu
    i te puku o te rae

Kia hemo rā te uto
    takoto ana ki te pae

Ki ngā kaiako o taku
    tamarikitanga

Ko te pono me te murunga hara
    ngā tino akoranga

Nei rā ko taku wairua
ka ngoikore atu:

Ki te kurua au
    ka rangona te rau o taku patu.

TE WĀHANGA 6
Mō te rere o te wā

On Aging

When you see me sitting quietly,
Like a sack left on the shelf,
Don't think I need your chattering.
I'm listening to myself.
Hold! Stop! Don't pity me!
Hold! Stop your sympathy!
Understanding if you got it,
Otherwise I'll do without it!

When my bones are stiff and aching,
And my feet won't climb the stair,
I will only ask one favor:
Don't bring me no rocking chair.

When you see me walking, stumbling,
Don't study and get it wrong.
'Cause tired don't mean lazy
And every goodbye ain't gone.
I'm the same person I was back then,
A little less hair, a little less chin,
A lot less lungs and much less wind.
But ain't I lucky I can still breathe in.

Mō te Kaumātuatanga

He mea whakamāori nā Stephanie Huriana Fong rāua ko Dr Jennifer Martin

Kitea mai ana taku noho ngū noa,
Me he pēke ki te pae mahue ai,
Kei pōhēhē koe me kakau roa.
Ko 'hau tonu tā aku taringa kai.
Taihoa! Kāti! Kei aroha mai koe!
Taihoa! Puritia atu tō pukuaroha e!
Me ka taea, kia mārama kau mai,
Me i kore, hei aha māku te whai!

Ka ioio aku iwi, ka mamae,
Aku wae tē kake ai i te kaupae,
Kotahi nahenahe te tino inoi:
Kei tō mai te tūru pīoioi.

Kitea mai ana e koe taku wāke, tārutu pai,
Kei mātai hōmiromiro mai, ka hē mārika ai.
Ina rā, ehara a Ngenge i a Hakuhakutai,
Ehara hoki ia poroaki i te mutunga rawa mai.
Ko 'hau tonu au, nō mai mai,
A Huru kua rauangi, a Kauae kua ngāwari,
A Pūkahu kua tau, a Hau kua puru kau.
Erangi nōku te whiwhi ko te hā tonu au.

Passing Time

Your skin like dawn
Mine like dusk.

One paints the beginning
of a certain end.

The other, the end of a
sure beginning.

Ka Taka te Wā

He mea whakamāori nā Stephanie Huriana Fong rāua ko Dr Jennifer Martin

Ko tō kiri, me he wāhinga ata
Ko tōku, me he wāhinga pō.

Ko tētahi, ko te aonga ake
o te otinga tonu atu.

Ko tērā atu, ko te otinga
o te aonga tonu ake.

When Great Trees Fall

When great trees fall,
rocks on distant hills shudder,
lions hunker down
in tall grasses,
and even elephants
lumber after safety.

When great trees fall
in forests,
small things recoil into silence,
their senses
eroded beyond fear.

When great souls die,
the air around us becomes
light, rare, sterile.
We breathe, briefly.
Our eyes, briefly,
see with
a hurtful clarity.
Our memory, suddenly sharpened,
examines,
gnaws on kind words
unsaid,
promised walks
never taken.

Ka Hinga Ana te Tōtara Nui
He mea whakamāori nā Jamie Te Huia Cowell

Ka hinga ana te tōtara nui,
ka oi ngā toka i ngā puke i tawhiti,
ka whakahauraro ngā raiona
i ngā karaehe roroa,
ko ngā arewhana anō hoki
ka māngaingai kia haumaru ai.

Ka hinga ana te tōtara nui
i te wao nui,
ka komi ngā mea iti kia ngū, kia mū,
ko ō rātou tairongo
kua wekua ki tua atu i te mataku.

Ka mate ana he tētēkura,
ko te hau takiwā
kua maiangi, kua rerekē, kua parakore.
Ka hā, mō te wā poto.
Ko ō tātou whatu, mō te wā poto,
ka mamae i te
mārakerake o te kitenga.
Ko ō tātou mahara, kātahi nei ka oho,
ka mātai,
ka ngau i te kupu atawhai
kīhai i kīia mai,
i ngā ara hīkoi i oatitia
kīhai rā i takahia.

Great souls die and
our reality, bound to
them, takes leave of us.
Our souls,
dependent upon their
nurture,
now shrink, wizened.
Our minds, formed
and informed by their
radiance,
fall away.
We are not so much maddened
as reduced to the unutterable ignorance
of dark, cold
caves.

And when great souls die,
after a period peace blooms,
slowly and always
irregularly. Spaces fill
with a kind of
soothing electric vibration.
Our senses, restored, never
to be the same, whisper to us.
They existed. They existed.
We can be. Be and be
better. For they existed.

Mate atu rā he tētēkura
ko ō tātou ao, e here nei ki a
rātou, ka ngaro.
Ko ō tātou wairua,
e whirinaki ana ki tā rātou
poipoi mai,
ka ngoikore, ka rerehe.
Ko ō tātou hinengaro, i whakaaweawetia
i whakamōhiotia anō e tō rātou
mura,
ka makere iho rā.
Ehara i te mea kua pōrangi,
engari ia kua pēhia ki te kūwaretanga kupu kore
o te ana pōuri,
e makariri ana.

Ā, ka mate ana he tētēkura,
nā wai, ā, ka puāwai anō te āio,
pōturi ana,
tāmutumutu ana. Kapi haere ana ngā wāhi
i tētahi momo
tōiriiri, he hihiko, he whakamahuru hoki.
Ko ō tātou tairongo, kua whakaorangia anō, e kore anō
e rite, ka kōhimuhimu mai.
Ko rātou rātou.
Ka taea anō e tātou. Ka ora, ā, ka ora
ake. Nā te mea, ko rātou rātou.

Changing

It occurs to me now,
I never see you smiling
anymore. Friends
praise your
humor rich, your phrases
turning on a thin
dime. For me your wit is honed
to killing sharpness.
But I never catch
you simply smiling, anymore.

E Huri Ana te Tai
He mea whakamāori nā Raiha Paki

Ka taka te kapa ki a au,
kua kore au e kite i a koe
e menemene ana. Ka mihia e
ō hoa ko tō
ngākau whakakata,
me tō arero
naho. Ki a au ko tō naho
kua orohia hei patu.
Heoi anō, kua kore au e kite
i a koe e menemene ana.

Remembering

Soft grey ghosts crawl up my sleeve
to peer into my eyes
while I within deny their threats
and answer them with lies.

Mushlike memories perform
a ritual on my lips
I lie in stolid hopelessness
and they lay my soul in strips.

Te Maumahara
He mea whakamāori nā Hinewai Pomare

Kūpapa mai ana he kēhua māhinahina ki aku kahuringa
ka titiro mai ai ki ōku kanohi
ko roto nei e whakahē ana tā rātou kapatau mai
ka whakautua ai ki te teka.

Ko Mahara tāhōhō
ka kani i aku ngutu
takoto noa nei au, tē aha rā
ko wairua kua haea, kua hura nei e.

When You Come to Me

When you come to me, unbidden,
Beckoning me
To long-ago rooms,
Where memories lie.

Offering me, as to a child, an attic,
Gatherings of days too few,
Baubles of stolen kisses,
Trinkets of borrowed loves,
Trunks of secret words,

I CRY.

Ka Tae Mai Ana Koe
He mea whakamāori nā Dr Hana O'Regan

Ka tae mai ana koe ki a au, i te koreka o tono,
E pōhirihiri mai ana
Ki kā taiwhaka o mua,
E pūkei ana a maumahara.

Ko tāhau whakahere, me he tukuka ki te tamaiti,
  he rūma huna,
He huika o kā rā ruarua rawa,
He kopa o kā ūkutu kua kahakina,
He whakakai o kā aroha i minoa,
He puaka o kā kupu muna,

KA TAKI AU.

The Detached

We die,
Welcoming Bluebeards to our darkening closets,
Stranglers to our outstretched necks,
    Stranglers, who neither care nor
    care to know that
    DEATH IS INTERNAL.

We pray,
Savoring sweet the teethed lies,
Bellying the grounds before alien gods,
    Gods, who neither know nor
    wish to know that
    HELL IS INTERNAL.

We love,
Rubbing the nakedness with gloved hands,
Inverting our mouths in tongued kisses,
    Kisses that neither touch nor
    care to touch if
    LOVE IS INTERNAL.

Mahamaha Kore
He mea whakamāori nā Heeni Brown

Ka mate tātou,
Ka rāhiri rā i a Pāhaukikorangi mā ki wō mātou kāpata e
  pōuriuri haere ana,
I ngā kaitārona ki wō mātou kakī e tautoro ana,
  He kaitārona, kāhore e aro,
  kāhore hoki mō te aro
  KO ROTO TE MATE.

Ka whakamoemiti tātou,
Konakona tonu rā ki ngā teka whakareka,
Tāpapa ana ki ngā atua tauiwi,
  He atua, kāhore e mōhio,
  kāhore hoki mō te mōhio
  KO ROTO TE MOEPAPA.

Ka aroha tātou,
Mirimiria ana te kirikau ki ngā ringa mau karapu,
Kōaro ana ngā waha ki ngā kihikihi arero roa,
  He kihikihi, kāhore e morimori,
  kāhore hoki mō te morimori, mēnā
  KO ROTO TE AROHA.

I Almost Remember

I almost remember
    smiling some
years past
    even combing the ceiling
with the teeth of a laugh
(longer ago than the
    smile).
Open night news-eyed I watch
channels of hunger
    written on children's faces
    bursting bellies balloon
in the air of my day room.

There was a smile, I recall
now jelled in
a never yester glow. Even a laugh
that tickled the tits of
heaven
(older than the smile).
In graphs, afraid, I see the black
brown hands and
white thin yellowed fingers

Slip slipping from the
ledge of life. Forgotten by
all but hatred.
Ignored
by all but disdain.

Kua Mahara Tonu Ahau
He mea whakamāori nā Wawaro Te Whaiti

Kua mahara tonu ahau
    ki taku menemene
i ngā tau
      te heru tuanui
ki ngā niho o te kata
(nō mua noa atu i te
    mene kau).
Ka putē ōku whatu i te
makuhea e pūrongotia ana
      kua tuhia i ngā mata tamariki
      ka rewa ngā puku ngakengake
i te hau o taku rūma.

He menemene, e maumahara ana ahau
kua mau ki
tua o nehe. He kata
i tōkenekene i te uma o
te rangi
(nō mua i te mene).
Ka uruwehi, i ngā ata, e kitea ana
ngā ringa raupā mangumangu me
ngā mati tea, mati kōwhai e tūai ana

E māniania haere ana i te
pari o te ora. Kua warewaretia e te
tini, hāunga i a Mauāhara.
Ka warea
    e te mano, atu i a Whakahāwea.

On late evenings when
quiet inhabits my garden
when grass sleeps and
streets are only paths for silent
mist

    I seem to remember

        Smiling.

I te tōmuritanga o ētahi pō, i te
mū o taku māra
i te mauti e okioki ana
i ngā huarahi ka pokaina e te
kohu mū

    Kua mahara tonu ahau

        Ki taku menemene.

Old Folks Laugh

They have spent their
content of simpering,
holding their lips this
and that way, winding
the lines between
their brows. Old folks
allow their bellies to jiggle like slow
tamborines.
The hollers
rise up and spill
over any way they want.
When old folks laugh, they free the world.
They turn slowly, slyly knowing
the best and the worst
of remembering.
Saliva glistens in
the corners of their mouths,
their heads wobble
on brittle necks, but
their laps
are filled with memories.
When old folks laugh, they consider the promise
of dear painless death, and generously
forgive life for happening
to them.

Ka Kata ngā Kaumātua
He mea whakamāori nā Te Uranga Winiata

Kua whakapauhia ō rātou kaha
ki te mene kurī,
ko ngutu ka pēnei,
ka pēnā, whaoa ana
a rae ki
te kurehe. Ka tuku ngā kaumātua
i ō rātau puku kia āta ueue me he
hue e rūrūtia ana.
Pupū ake ana a kupu whakatoi,
ka maringi ai i te waha
whiua ana ki wī, ki wā.
Ka kata ana ngā kaumātua, ka wetekina ngā here o te ao.
Ka āta tahuri rātou, tinihanga nei te mōhio
ki te pai me te kino
o rau mahara.
Pīata mai ana a hūare
i ngā pī o te waha,
tītakataka ana ō rātou māhunga
i ngā kakī kua ruha, engari
a puku,
kī ana i ngā maharatanga.
Ka kata ana ngā kaumātua, ka whakaaro rātou ki
   te taurangi
o mate mamae kore, ka murua hoki i runga i te
   ngākau atawhai
ngā hara o te ao i tūponotia ai i te wā
i a rātou.

The Lesson

I keep on dying again.
Veins collapse, opening like the
Small fists of sleeping
Children.
Memory of old tombs,
Rotting flesh and worms do
Not convince me against
The challenge. The years
And cold defeat live deep in
Lines along my face.
They dull my eyes, yet
I keep on dying,
Because I love to live.

He Kura Huna
He mea whakamāori nā Dr Hinurewa Poutū

Rite tonu taku hemo.
Ngaeki noa ngā iatoto, ānō he wheranga
Nō te kapunga ringa ina moe te
Tamariki.
He mahara urupā,
Tino kore nei te kiko popo me ngā toke e
Āki mai kia tuohu rā au i
Te whakapātari. Ko ngā tau roa
Me te wairuatoa e ora nei i
Ngā kūreherehe o taku mata.
E pūhoi ai aku mata, engari
Rite tonu taku hemo,
He aroha nui nōku ki te ora.

Refusal

Beloved,
In what other lives or lands
Have I known your lips
Your hands
Your laughter brave
Irreverent.
Those sweet excesses that
I do adore.
What surety is there
That we will meet again,
On other worlds some
Future time undated.
I defy my body's haste.
Without the Promise
Of one more sweet encounter
I will not deign to die.

Te Whakanau
He mea whakamāori nā Maiki Sherman

E te tau,
He ao anō rānei, he whenua anō rānei
I mōhio ai au ki ōu ngutu
Ki ōu ringaringa
Ki tāu kata māia
Whakatarapī ana.
Ēnā tuwhenetanga ōu
E mateoha nei au.
Wai ka mōhio
Mēnā tāua ka tūtakitaki anō,
Ki mea ao
Ā mea wā.
Ka tohe au ki tā tinana whāwhai.
I te korenga o te Oati
Ka piri tahi anō tāua
E kore nei au e mate.

TE WĀHANGA 7
Mō te whakaao māramatanga

A Brave and Startling Truth

DEDICATED TO THE HOPE FOR PEACE, WHICH LIES, SOMETIMES HIDDEN, IN EVERY HEART.

We, this people, on a small and lonely planet
Traveling through casual space
Past aloof stars, across the way of indifferent suns
To a destination where all signs tell us
It is possible and imperative that we learn
A brave and startling truth.

And when we come to it
To the day of peacemaking
When we release our fingers
From fists of hostility
And allow the pure air to cool our palms
When we come to it
When the curtain falls on the minstrel show of hate
And faces sooted with scorn are scrubbed clean
When battlefields and coliseum
No longer rake our unique and particular sons and daughters
Up with the bruised and bloody grass
To lay them in identical plots in foreign soil

When the rapacious storming of the churches
The screaming racket in the temples have ceased
When the pennants are waving gaily
When the banners of the world tremble
Stoutly in a good, clean breeze

Te Māramatanga Tonutanga
He mea whakamāori nā Makoha Gardiner

HE MEA WHAKAIHI KI TE MANAKO NUI KI TE
RANGIMĀRIE, E TAKOTO ANA, HE WĀ ŌNA E HUNA
ANA, I TE WHATUMANAWA O TĒNĀ ME TĒNĀ.

Ko tātou, ko tēnei iwi, kei tētahi aorangi paku noa,
　mokemoke tonu ana
E hāereere ana huri noa i tuarangi
E hipa ana i ngā whetū whiwhiu, e whakawhiti ana i ngā
　ara o ngā rā haumaruru
Ki tētahi wāhi ki reira rā tātou kīia ai e ngā tohu katoa
Ka āhei te ako, ā, me pērā hoki ka tika
I te māramatanga tonutanga.

Kia tae mai te rā
O te hohou rongo
E tukuna ai ō tātou matimati
I ngā kukunga ringa o te taraweti
Kia miria ai te kapu tuwhera e te kōkōhau
Kia tae mai te rā
Ka taka te ārai i te whakaari matamangu o te ahikauri
Ka kōmukuhia atu ai ngā paruparu o te hahani i ngā
　kanohi
Kia mutu rawa tā te kauhanga riri
Rakuraku ake i ā tātou tamariki kanorau
Me te pātītī e marū ana, e toto ana
Kia takoto ki ngā rua taurite i whenua kē

When we come to it
When we let the rifles fall from our shoulders
And our children can dress their dolls in flags of truce
When land mines of death have been removed
And the aged can walk into evenings of peace
When religious ritual is not perfumed
By the incense of burning flesh
And childhood dreams are not kicked awake
By nightmares of sexual abuse

When we come to it
Then we will confess that not the Pyramids
With their stones set in mysterious perfection
Nor the Gardens of Babylon
Hanging as eternal beauty
In our collective memory
Not the Grand Canyon
Kindled into delicious color
By Western sunsets

Nor the Danube, flowing its blue soul into Europe
Not the sacred peak of Mount Fuji
Stretching to the Rising Sun
Neither Father Amazon nor Mother Mississippi
who, without favor,
Nurtures all creatures in their depths and on their shores
These are not the only wonders of the world

When we come to it
We, this people, on this minuscule globe
Who reach daily for the bomb, the blade, and the dagger

Ā te wā e oti ai te pāhuahua i ngā whare karakia
E ngū ai te tīorooro i ngā temepara
E kapakapa ai ngā matairangi
E tāwiriwiri pai ai ngā kara o te ao
I te hauhau maiangi

Kia tae mai te rā
E tukua iho ai ngā raiwhara i ō tātou pokohiwi
E kākahutia ai e te tamariki ana tāre ki te haki rongo
 taketake
Ā te wā ka parahia te whenua i ngā maina kōhuruhuru
E mākohakoha ai te haere o ngā kaumātua ki te pō āio
Ā te wā e māmore ai te ritenga whakapono
I te kakara o kiko kakā
E mahea ai te moemoeā o te mokopuna, tē whanaia kia oho
E te kuti o tūkino

Kia tae mai te rā
Ka whāki atu tātou, ehara i te mea ko ngā Kōhatu Keokeo
Me ōna kōhatu e paruhi ana te takoto
Ehara hoki i ngā Māra o Papurona
E tārewa nei me ko te turuturua mutunga kore
I te pae o maumahara takitini
Ehara i te Tāwhārua Nui
Ka tahuna kia muramura
E ngā tōnga o te rā i te Uru

Ehara i te Tanupi, me tōna wairua kahurangi e rērere ana
 ki Uropi
Ehara i te kōtihitihi tapu o Whūtī
E whātoro ake ana ki te Rā e Ara Mai ana

Yet who petition in the dark for tokens of peace
We, this people, on this mote of matter
In whose mouths abide cankerous words
Which challenge our very existence
Yet out of those same mouths
Can come songs of such exquisite sweetness
That the heart falters in its labor
And the body is quieted into awe

We, this people, on this small and drifting planet
Whose hands can strike with such abandon
That, in a twinkling, life is sapped from the living
Yet those same hands can touch with such healing, irresistible tenderness,
That the haughty neck is happy to bow
And the proud back is glad to bend
Out of such chaos, of such contradiction
We learn that we are neither devils nor divines

When we come to it
We, this people, on this wayward, floating body
Created on this earth, of this earth
Have the power to fashion for this earth
A climate where every man and every woman
Can live freely without sanctimonious piety
Without crippling fear

Ehara i a Pāpā Amahona, i a Māmā Mihihipi
he rite tonu
Te poipoi i ngā koiora katoa i te wai, i uta anō hoki
Ehara i te mea koinei anake ngā whakamīharotanga o te ao

Kia tae mai te rā
Ko tātou, ko tēnei iwi, kei tēnei ao koroiti
I ia rā, nanao atu ai ki te pahū, ki te hoari, ki te oka
Engari e petihana ana i te pō ki ngā tohu maungārongo
Ko tātou, ko tēnei iwi, i tēnei ngota
I ō tātou māngai ngā kupu whakapirau
Hei takakino i te ira tangata
Heoi i aua māngai tonu rā e puta mai ai
He waiata e pērā ana te kaha rōreka
E tū ai te manawa i tana mahi,
Ā, ka mū te tinana i te whakamīharo atu

Ko tātou, ko tēnei iwi, kei runga i tēnei aorangi paku noa,
   e rewa noa ana
Ko ō tātou ringa ka hohoro rawa ki te patu
He patu whakakewa i te hā o te tangata
Heoi ko aua ringaringa tonu he rehe ki te whakaora,
he ringa mirimiri,
E māmā ai te tūpou a te pane whakaparanga
E ngāwari ai te piko a te tuarā whakahīhī
Puta mai ai i taua anea, i taua tauarotanga
Ko te māramatanga, ehara tātou i te hātana, ehara hoki
   i te atua

When we come to it
We must confess that we are the possible
We are the miraculous, we are the true wonder of
   this world
That is when, and only when,
We come to it.

Kia tae mai te rā
Ko tātou, ko tēnei iwi, kei runga i tēnei papatipu pūrewa
He mea hanga i te papa nei, ki te papa tonu nei
Nō tātou anō te kaha ki te tārai mō te ao nei
He taiao e mana ai te tino rangatiratanga o te tangata
He ao e kore ai te ihutū
E kore ai te wehi

Kia tae mai te rā
Me whakapuaki tātou, ko tātou tonu te taumata
Ko tātou kē te merekara, te whakamīharotanga tūturu o tēnei ao
Hei reira noa, hei reira rā anō,
Ka ea.

On the Pulse of Morning

A Rock, A River, A Tree
Hosts to species long since departed,
Marked the mastodon,
The dinosaur, who left dried tokens
Of their sojourn here
On our planet floor,
Any broad alarm of their hastening doom
Is lost in the gloom of dust and ages.

But today, the Rock cries out to us, clearly, forcefully,
Come, you may stand upon my
Back and face your distant destiny,
But seek no haven in my shadow,
I will give you no hiding place down here.

You, created only a little lower than
The angels, have crouched too long in
The bruising darkness
Have lain too long
Facedown in ignorance,
Your mouths spilling words
Armed for slaughter.

The Rock cries out to us today,
You may stand upon me,
But do not hide your face.

I te Kakapa Manawa o te Rangi Hou
He mea whakamāori nā Dr Karena Kelly

He Toka, He Awa, He Rākau
Te manaaki nei i ngā koiora kua ngaro noa atu rā,
I tohua ai te arewhana o uki,
Te mokoweri, he tohu pakoko
Nō tā rāua noho mai i konei te mahuetanga mai
I te paparahi o tō tātou ao,
Mei mataara rāua ki te mate e whāwhai ana ki a rāua
Kua ngaro i te tiwhatiwha o te puehu me te horinga tau.

Engari i te rā nei, ko te Toka e hō mai ana ki a tātou, i tōna
    reo mārama, i tōna reo whakahau,
Nau mai, e tū ki runga i taku
Tuarā, aro atu ai ki tō koutou paerangi ki pāmamao,
Engari kei whai haumarutanga i taku ātārangi,
Kāore au mō te tuku i a koutou kia huna ki raro iho nei.

Ko koutou, i raro tata iho
I ngā anahera te hua mai, kua roa rawa e tūturi ana
I te aupēhi o te pōuri
Kua roa rawa e tāpapa ana
I te kūware,
He kupu maupū te maringi mai i ō koutou ngutu
E karanga tārukenga ana.

E hō mai ana te Toka i tēnei rā,
Nau mai, e tū ki runga i ahau,
Engari kei hunaia tō mata.

Across the wall of the world,
A River sings a beautiful song. It says,
Come, rest here by my side.

Each of you, a bordered country,
Delicate and strangely made proud,
Yet thrusting perpetually under siege.
Your armed struggles for profit
Have left collars of waste upon
My shore, currents of debris upon my breast.
Yet today I call you to my riverside,
If you will study war no more.

Come, clad in peace,
And I will sing the songs
The Creator gave to me when I and the
Tree and the Rock were one.
Before cynicism was a bloody sear across your brow
And when you yet knew you still knew nothing.
The River sang and sings on.

There is a true yearning to respond to
The singing River and the wise Rock.
So say the Asian, the Hispanic, the Jew,
The African, the Native American, the Sioux,
The Catholic, the Muslim, the French, the Greek,
The Irish, the Rabbi, the Priest, the Sheik,
The Gay, the Straight, the Preacher,
The privileged, the homeless, the Teacher.
They hear. They all hear
The speaking of the Tree.

Kei tāwāhi i te pātū o te ao,
He Awa e tau ana i tētahi waiata rōreka. E mea ana,
Nau mai, whakatā mai rā ki tōku taha.

Ko tēnā me tēnā o koutou, he roherohenga whenua,
He tūoi, he autaia hoki te hanga, he whakahīhī,
Engari he rite tonu te kōkiri, te kakaritia.
Nā ā koutou tohe maupū i te āinga a ōhanga
I mahue mai ai he maukakī paranga
I taku tapa, he au tāwhaowhao i runga i taku poho.
Otirā i tēnei rā, e karanga nei au i a koutou ki taku tarawāhi,
Ina mutu tā koutou tātari pakanga.

Haere mai, me te maungārongo hei kahu,
Ā, māku e taki ngā waiata
Nā te Kaihanga i homai nō te wā
I kotahi ai mātou ko te Rākau, ko te Toka.
Nō mua i te toto o ō koutou rae ki te kutiwera o te
  matakana
Nōu i mātau tonu ai ki tō kore tonu i mātau.
I maire rā te Awa, ā, e maire tonu nei.

He tōmina tūturu ki te paremata atu
Ki te Awa korokī me te Toka tautōhito.
Koia tā te Pāniora, te Hūrae, te Ahiana,
Te Āwherika, te Hīou, te Amerikana,
Te Katorika, te Muhirama, te Wīwī, te Kiriki,
Te Airihi, te Rāpae, te Pirīhi, te Tieiki,
Te Takatāpui, te Taearo, te Kauwhau,
Te whairawa, te rawakore, te Pou.
Ko rātou e rongo ana. Katoa e rongo ana
I te kī a te Rākau.

They hear the first and last of every Tree
Speak to humankind today.
Come to me,
Here beside the River.
Plant yourself beside the River.

Each of you, descendant of some passed-
On traveler, has been paid for.
You, who gave me my first name, you,
Pawnee, Apache, Seneca, you,
Cherokee Nation, who rested with me, then
Forced on bloody feet,
Left me to the employment of
Other seekers—desperate for gain,
Starving for gold.

You, the Turk, the Arab, the Swede,
The German, the Eskimo, the Scot,
The Italian, the Hungarian, the Pole,
You the Ashanti, the Yoruba, the Kru, bought,
Sold, stolen, arriving on a nightmare,
Praying for a dream.

Here, root yourselves beside me.
I am that Tree planted by the River,
Which will not be moved.
I, the Rock, I, the River, I, the Tree,
I am yours—your passages have been paid.
Lift up your faces, you have a piercing need
For this bright morning dawning for you.

E rongo ana i te tuatahi, me te tuamutunga o ngā Rākau katoa
E kōrero ana ki te ira tangata i tēnei rā.
Haere mai ki ahau,
Ki konei, ki te taha o te Awa.
Whakatōkia mai rā koutou anō ki te taha o te Awa.

Ko tēnā me tēnā o koutou, he uri nō tētahi tāwhai kua hipa atu
Ki tua, kua utua koutou.
Ko koe, nāu i homai taku ingoa tuatahi, ko koe,
E te Pōnī, e te Apati, e te Heneka, ko koe,
E te iwi Tierokī, i whakatā tahi me au, kātahi
Ka peia atu mā raro, mā te waewae toto,
Ka mahue mai ai ko au hei whakamahi mā
Kairapu kē—e matenui ana kia whai hua,
E matekai ana ki te kōura.

Ko koe, e te Tākei, e te Arapa, e te Huītene,
E te Tiamana, e te Inuiti, e te Kotimana,
E te Itariana, e te Hanakari, e te Pōra,
Ko koe, e te Ahanati, e te Iorupa, e te Kurū,
He mea hokohoko, he mea tāhae, ka tae mai mā runga
    moepapa,
He moemoeā te inoi.

Anei, kia mau ō koutou pakiaka ki taku taha.
Ko au ko tērā Rākau i whakatōkia ki te taha o te Awa,
E kore rawa e hūnukutia.
Ko au, ko te Toka, ko au, ko te Awa, ko au, ko te Rākau,
Ko au, nōu—kua utua ā koutou haere.
Hīkina ō koutou mata, e pokaina nei koutou e te awhero nui
Ki te atatū toari e ao ana ki a koutou.

History, despite its wrenching pain,
Cannot be unlived, but if faced
With courage, need not be lived again.

Lift up your eyes
Upon this day breaking for you.
Give birth again
To the dream.

Women, children, men,
Take it into the palms of your hands,
Mold it into the shape of your most
Private need. Sculpt it into
The image of your most public self.
Lift up your hearts.
Each new hour holds new chances
For a new beginning.
Do not be wedded forever
To fear, yoked eternally
To brutishness.

The horizon leans forward,
Offering you space
To place new steps of change.
Here, on the pulse of this fine day,
You may have the courage
To look up and out and upon me,
The Rock, the River, the Tree, your country.
No less to Midas than the mendicant.
No less to you now than the mastodon then.

Ko Neherā, me ōna tārūrū nui,
Tē taea hoki te pēhea, engari, ina mātaitia atu
E te māia, e kore anō e hokia.

Hīkina ō mata
Ki tēnei rangi e ao ana ki a koe.
Whakawhānautia mai anō
Te moemoeā.

Wāhine mā, tamariki mā, tāne mā,
Puritia ki te kapu o ō koutou ringa,
Mirimiritia ki te hanga o tō tino tūmanako tūmataiti.
Tāraitia ki te hanga o tō tino tuakiri tūmatanui.
Hīkina ō koutou manawa.
Kei ia hāora hou te pitomata
E hua mai ai tētahi tīmatanga hou.
Kei moea te mataku
Mō te ake tonu atu, kei herea ki te tūkino
Haere ake nei.

Arā te pae o te rangi e wharara mai ana,
Hei marae mō koutou
Hei takahanga mō ngā waewae o te huringa ao.
I konei, i te kakapa manawa o tēnei rā paki,
Ka māia pea koe
Ki te tiro ake ki tua, ki runga i ahau,
I te Toka, i te Awa, i te Rākau, i tō whenua.
Ka pērā tonu te nui ki a Maita me te minono.
Ka pērā tonu te nui ki a koe i nāianei me te arewhana
 o uki i neherā.

Here, on the pulse of this new day,
You may have the grace to look up and out
And into your sister's eyes,
And into your brother's face,
Your country,
And say simply
Very simply
With hope—
Good morning.

I konei, i te kakapa manawa o te rangi hou nei,
Ka manawanui pea koe ki te tiro ake ki tua
Ki ngā whatu o tō tuahine,
Ki te mata o tō tungāne,
Ki tō whenua,
Me te kī i tō reo māmā
Māmā ake nei
I roto i te tūmanako nui—
Ata mārie.

Reverses

How often must we
    butt to head
Mind to ass
    flank to nuts
    cock to elbow
    hip to toe
    soul to shoulder
    confront ourselves
    in our past.

Mā Muri, ki Mua
He mea whakamāori nā Charisma Rangipunga

Kia hia rawa ngā tukinga
   a Tou ki a Pane
a Hinengaro ki a Whero
   a Kaokao ki a Raho
   a Ure ki a Pona
   a Hope ki a Taotao
   a Wairua ki a Pokohiwi
   i reira whakapātaritari ai
   a Muri ki a Mua.

Alone

Lying, thinking
Last night
How to find my soul a home
Where water is not thirsty
And bread loaf is not stone
I came up with one thing
And I don't believe I'm wrong
That nobody,
But nobody
Can make it out here alone.

Alone, all alone
Nobody, but nobody
Can make it out here alone.

There are some millionaires
With money they can't use
Their wives run round like banshees
Their children sing the blues
They've got expensive doctors
To cure their hearts of stone.
But nobody
No, nobody
Can make it out here alone.

Alone, all alone
Nobody, but nobody
Can make it out here alone.

Te Tū Takitahi
He mea whakamāori nā Maiki Sherman

Ka tīraha, ka whakaaroaro
Inapō
Mā hea kitea ai he āhuru mōwai mō tōku wairua
He wāhi e kore nei e matewai te wai
E kore nei e pōhatu te parāoa
Kotahi tonu tōku whakaaro
Me taku whakapono kāore i te hē
Karekau ana,
Korekore ana
He ora takitahi o te tangata.

Ka takitahi, ka mokemoke
Karekau ana, korekore ana
He ora takitahi o te tangata.

Tērā tētahi hunga whai rawa
Me ā rātou pūtea tē taea te whakapau
Ka tangi tīkākā ngā hoa wāhine
Ka tangi tiwhatiwha ngā tamariki
Ko ō rātou rata he nui te utu
Hei whakaora i te ngākau toka.
Engari karekau ana
Korekore ana
He ora takitahi o te tangata.

Ka takitahi, ka mokemoke
Karekau ana, korekore ana
He ora takitahi o te tangata.

Now if you listen closely
I'll tell you what I know
Storm clouds are gathering
The wind is gonna blow
The race of man is suffering
And I can hear the moan,
'Cause nobody,
But nobody
Can make it out here alone.

Alone, all alone
Nobody, but nobody
Can make it out here alone.

Nā, mēnā koe ka whakarongo pīkari mai
Ka whākina atu ko tāku e mōhio nei
Kei te pōkēao haere te rangi
Ka pupuhi te hau
Ka pākinikini ko te ira tangata,
Ā, e rongo nei au i te auē,
Nā te mea karekau ana,
Korekore ana
He ora takitahi o te tangata.

Ka takitahi, ka mokemoke
Karekau ana, korekore ana
He ora takitahi o te tangata.

Late October

Carefully
the leaves of autumn
sprinkle down the tinny
sounds of little dyings
and skies sated
of ruddy sunsets
of roseate dawns
roil ceaselessly in
cobweb greys and turn
to black
for comfort.

Only lovers
see the fall
a signal end to endings
a gruffish gesture alerting
those who will not be alarmed
that we begin to stop
in order simply
to begin
again.

Whakapiri Kahuru
He mea whakamāori nā Karuna Thurlow

Rere mārire
kā rau Kahuru
e ruia ana kā kekē
o ngā mateka moroiti
me te raki ko kata
o te kokomea
o te haeata kura
karekare kau ai
i kā hina o te whare tukutuku
ka wheko
ka hāneanea.

Ko kā ipo anake
ka kite i te takaka
he tohu mutu i kā mutuka
he tohu pūhukahuka hai whakaohiti
i a rātau e kore e hoto
ka tīmata te tū
hai aro noa
ki te tīmata
anō.

MŌ TE KAITUHI ME TE KĀHUI KAIWHAKAMĀORI

Te Kaituhi

He toikupu, he kaiwhakatūtū hoki a Dr Maya Angelou—ko ana kupu tana rākau, ko te kaikiri, ko te kūare, me te ahikauri ana tino hoariri. Ko te tino rongonui pea o ana tuhinga, ko *I Know Why the Caged Bird Sings* (1969), he pukapuka haukiri i kōrerotia rā tōna anō whanaketanga, tae atu ki te pāngia ōna e te kaikiri, e te tūkino, me tana whai kia whakatinana i tana mana motuhake. E hia kē nei ngā tohu i whakawhiwhia ai ki a Angelou i te wā i a ia, tae atu ki te Presidential Medal of Freedom i te tau 2010, me te BET Honors Award for Literary Arts i te tau 2012. He rite tonu tana tuhi ki te kaikiri, ki te tohe, ki te whai ora, ki ngā wheako hoki o te wahine me te kirimangu, mā roto i tōna reo ahurei, i ōna whakaaro amaru, me tana tohungatanga ki te tuitui i te whakatuma me te whakatoi, i te aroha me te riri. Nō te tau 1928 whānau mai ai te manu whati māhanga nei, ā, nō te tau 2014 rere atu ai ki tua o te ārai.

Te Kāhui Kaiwhakamāori

"Mā tēnei mea, mā te kanorau, e hua mai ai tētahi whāriki rangatira tonu. Ka rerekē pea ngā tae o ōna weu me ōna aho, engari he mana ōrite tō tēnā me tēnā."

—He whakamāoritanga i ā Maya Angelou kupu i *Rainbow in the Cloud*, 2014

E toru tekau mā whā ngā wāhine i hiki rā i te mānuka nā te pouwahine o Te Panekiretanga, nā Pānia Papa i whakatakoto, kia tū hei kaiwhakamāori mō tēnei kaupapa. I te pukapuka nei rangona ai ko te reo o tēnei tira wāhine Māori, me ōna kanorautanga. Me pēwhea e kore ai—nō ngā pito katoa o te motu te tira nei, mai i te Ara a Kewa, tae atu rā ki te raki, ki te Hiku o Te Ika. Kuia mai, māmā mai, rangatahi mai, teina mai, tuakana mai, katoa ngā Ika a Whiro nei nō ngā rangapū ngahuru mā whā o te whare o reo kia tika, kia rere, kia Māori. Ko ētahi he pouako, he kaitito, he kaimahi kāwanatanga, he kaipakihi, he toki hākinakina, he ringa toi, he kaihaka, he kaipāpāho, he rōia, he kaiwhakatere waka. Heoi anō, ko te katoa he aroha nui ki te reo Māori, ā, kua whakapeto ngoi, kua whakaheke werawera i roto i ngā tau ki te whakapakari i ō rātou reo, e tū ai rātou hei tuarā mō tēnei reo puiaki nei i roto i ā rātou mahi katoa, i roto hoki i ō rātou kāinga.

Kei ōku tuākana o Te Panekiretanga, mō koutou i whakaatu i te rerehua me te motuhaketanga o tō tātou reo ki te ao, e kore e mutu ngā mihi.

Nā Charisma Rangipunga

Āwhina Twomey

*Ngāti Raukawa, Ngāti Kahungunu, Ngāti Maniapoto,
Ngāti Tūwharetoa, Ngāti Rangitāne-ki-Wairau,
Ngāti Kuia, Ngāti Apa-ki-te-rā-tō*

He mea tito nā Pānia Papa

Tōia te waka o te mātauranga,
tapotu ki te kārewa o te wai.
Mā wai e tō?
Mā Hine-whakatere rawa e tō!
Ruahine, Aorangi—ngā tihi; tū mai!
Taumata, Winiata—ngā papa; takoto!
Ki waenga, ko Ngāti Manomano, ko Ngāti Paki.
Ko Rangitīkei te kōpikopiko nei.
Aitia te wahine o te pā harakeke!
E rea, e te rito, Paerangi-Rehua.
Maimoatia ngā taonga tuku iho.
Te mauri me te ihi o tua whakarere.
Te kauae tehe o tāukiuki.
Te puna mōteatea o te iwi.
Te mata tūrama o te rua ngārehu.
Te 'tahi a Tīmoti.
Te momo me kaua rā e rerekē noa.
E kō kō ia, e ara e!

Beth Dixon

Ngāi Tūhoe, Kāi Tahu, Ngāti Kahungunu

He mea tito nā Rauhina Cooper

E te hauwhenua nō Te Urewera
E te muritai nō Te Tonga
Puhipuhi ana
Hai hau kotahi
E hoka ai te pekepoho
E tiu ai te Manutaki
Ki tōna pae ki Haokitaha
Te Papakāinga o tō kāhui

Ko tō reo he karere
Nō ukiuki rā anō
Hai rangitāmiro i te whakaaro
Hai kōmirimiri i te whatumanawa
Kia ara ake!
Ko tō tāua reo Māori
Kei ngā tauwharenga o te ngākau me
Ngā ngutu o te tini
Whakairohia te reo ki te mata o Arero!
Hai aha te pene… Hi! Ha!

Whakarongo pīkari mai!
Nei te reo o haumihi
E maiangi ana
Ki te uri o Tūhoe
E kata te pō,
E kata te ao,
I ngā hikanui
Kia haumātakatakatia te whiu o te reo Māori!

Koia nei
Ko Beth Dixon
O Ngāti Koura

Charisma Lea-La Rangipunga

Kāi Tahu, Ngāti Kahungunu, Taranaki, Ngā Rauru

He mea tito nā Dr Hana Merenea O'Regan

Ko ia a Makō – nōna te tai.
Tana kakama, tana ihi, tana noho rakatira.
Mō ōna tini pūkeka, tana rokonui kua hora,
tae rā anō ki tana ūkaipō,
e miria ana e kā riporipo
o te roto o Wairewa.

Anā! Ko ia rā a Tuna, nōna te wai!

Ki Te Upoko o Tahumatā.
Ko ia a Tūī me tana reo rōreka.
Mō te tito, mō te whakaniko kupu,
ko te taumata ko ia!
Ko te manu korokī,
nāna te haeata i hiki ake ki ruka,
kia roko anō i te hū o Moho
i tana rahi o Tahu me tana kāhui manu.
Ko te ata nui o te reo, ka horaina, ka ora!

Ka rakona i kā waha, kanikani i kā kutu,
I kā pou o tana manawa ko tana tokotoru,
Uruhau ana Te Ao.
Ōna mauka ka whakahī.
Ko Aoraki, ko Taranaki, ko Moumoukai.
Me pērā ka tika!
Ko ia rā a Charisma, te wehi, e!
Haumi e, hui e, Tāiki e!

Corin Merrick

Ngāti Whare, Waikato, Ngāti Maniapoto, Ngāti Raukawa

He mea tito nā Te Uranga Winiata

Ka tūtaki a Mātaatua ki a Tainui,
ka hua mai ai
ko tēnei kura kāmehameha e eke nei.
Kirikawa ki te ture, kirikawa ki te reo.
Karapotia ana
e Rehutai, e Kiwa,
e Kōpū.
He Kākano Rua tāna
i whakatō ai,
e māori ake ai te reo Māori,
e haumako ake ai te ao
mō ngā whakatipuranga.
He Kuīni Pī tēnei.
Takarepa-kore ana.
Nāna a Taero i mīere ai.
Kitea ana, rangona ana tōna koroirangi.
E tō te reo kaiwhakarauora, e.
E tō te tikanga kaitiaki, e.
E tō te whakaiti kaikawe, e.
Tau ana!

Evelyn M Tobin MNZM, JP

Ngāti Manu, Ngāpuhi Nui Tonu

He mea tito nā Charisma Rangipunga

Ko Pōmare kei runga.
Ko te kōtare kei raro.
Ko tiaka tērā e whāomoomo ana i āna pīpī.
Ko tākaha tērā e whakangungu ana i tōna reo.
Ko tāiko tērā e whakatenatena ana i tōna rahi,
Kia whai parirau ai,
Kia rere ki te pae o Ururangi,
Ki te rangi, e.
Ngāti Manu, ē,
E ara rā!

Gaynor Louise Hakaria

Ngāti Porou, Kāi Tahu

He mea tito nā Karuna Thurlow

Hokihoki ai te kōpara
Ki te poho o tōna kōkā
Ka tirotiro ki te tai
Haumiria ana e rau matangi
Pupū ake nei te aroha
Koia te aho tāhuhu
O tōna kaitaka

Ka timu te tai ki raro
Ka pari mai ki runga
Tērā ko Hinematua

Whatua ngā aho o te whare
He aho tī
He whītau
Tū mai rā ko Tānerore
Tū mai rā ko Hineruhi
Arā te hākari mā ngā karu, e

He pou whakaaio whenua
He kaiako ranga wairua
He wahine waimārima
Ā-roto, ā-waho

He rite ki te kōpara
E kō nei i te ata

Haani Rōpine Te Mihinga Huata-Allen

Ngāti Apakura, Ngāti Maniapoto, Ngāti Kahungunu,
Ngāti Porou, Te Arawa

He mea tito nā te teina, nā Maria Huata

Pūao te atatū
Āritarita mai ko te tapairu
Maioha mai rā
He apakura
E tangi ana i te pō
He huata
E rere ana i te ao
Me he rōpine
Āmiorangi i a Puawhe
Te taunga o ngā patupaiarehe
Kopere atu te haani
Ki te whatumanawa
O ngā pia hiakai ki te kirihoropū
Kia waikauritia ai te taikākā
E te arero tūpuna
He ringahora
Manawa mākohakoha
Hora i te rau aroha
Taku mihinga ngākau
Haramai Hinerēhia
Haramai Tānerore
Kia hakahakaina
Kia mārama kehokeho
Ki te pitomata nō tua

Kei roto ki tēnā, ki tēnā
Maringi mai ko te wai pākura
Kia mura mārika mai ko te ahi kā
O Te Haona Kaha

Dr Hana Merenea O'Regan ONZM

Kāi Tahu

He mea tito nā Charisma Rangipunga

Ko te hana o te raki
Ka ura i te pō
I reira ka whānau mai
Ko te mauri oho
Ko te kākau makuru
Ko te wairua tohe
Taumautia ana
Kia ora te reo Māori
Hai reo tuatahi i kā kāika kotahi mano
Kia tū rakatira anō ai te rahika o Tahu Pōtiki
Me tōna anō reo ake
Hai whākai i ōna kawariki tokorua
Ki te pōhane, ki te māriri

Ko te tohu ka kitea raia i te kairaki o te pounamu.
  Naia a Hana.

Nei ko kā hua
O te hana o te rā
Ko ōna hihi
Ka rakona whānuitia
E te iwi o raro
Hai oraka mō te katoa

Ko Hana Merenea o Awarua, ē!

Hana Mereraiha Skerrett-White

*Ngāti Koata, Ngāti Hikairo, Ngāti Mutunga, Te Ātiawa,
Ngāti Tama, Ngāti Toa Rangatira*

He mea tito nā tana whaea, nā Dr Mere Skerrett

Kei taku manu rere ao
E topa, e tiu, e tau
Waiho mai au ki raro iho nei
Ka hoki ngā mahara ki ngā tau roa kua pahure
Ki te wā i whānau mai ai koe ki te ao mārama
I te whānau ariki o Te Tahi o Pipiri
I te āhurutanga o ō iwi maha
I te wairua manahau o tō whānau
Noho mai ana koe hei whakamaurutanga mōku, e taku
  Mere Raiha
Kanohi pīwari, makawe roroa, hinengaro koi
Whāia rā ko tō reo kia mauri ora
Ko ō tikanga kia pūmau
I te ao, i te pō
Whakatītinahia tō Mana Māori Motuhake
Tō rangatiratanga, tō niwha
Ahakoa rā ngā whakawai
Kawea te rongomaiwhiti o ō tīpuna ki tua o te ake ake ake
Hei oranga tinana, hei oranga hinengaro, hei oranga
  wairua
Ko te ngoto o te aroha e kore e maroke i te rā
Kei taku manu rere ao
E topa, e tiu, e tau!

Heeni Brown

Ngāti Rangiwewehi, Te Aupōuri

He mea tito nā Hinewai Pomare

Ruia, ruia, tahia, tahia
Kia ahu mai ko tōna reo
Me he hau kōtiu
Hei whakamahana i ngā iwi o runga
Kaitātaki atu, kairīpoata mai
Kaipāpāho Māori noa
Ketekete atu, ketekete mai
Ko te taringa Māori ka mōhio
Nā ōna wheinga o Te Aupōuri
Te whakaaraara a Meri e mea nei
He tangata te mea nui o tēnei ao
Koia rā kei te whatumanawa
Kua heke ki tōna waka o Te Arawa
Mai i Maketū ki Tongariro
Kawea ko te kupu a Tariana Tūria
Mō te kaupapa o Whānau Ora
Ka tau ha whakatau

Ko Heeni e tau nei, e
Tau, tau kua tau mai, ē!

Helen Parker

Te Rarawa, Ngāti Kahu, Tūhoe,
Tūwharetoa ki Kawerau, Tūhourangi

He mea tito nā Pānia Papa

Ki Tūhourangi, ko Te Tawhiu
Ki Tapuika, ko Ngāti Moko
Ki Tūwharetoa ki Kawerau, ko Ngāti Te Aotahi
Ki Tūhoe, ko Ngāti Kurī
Ki Te Rarawa, ko Te Uri o Hina
Tū mai, e te niao o ngā mata-ā-waka
E te rau maiangi o ngā hau e whā
E rere, e te puananī.

Ko te reo ko koe, ko koe ko te reo.
He whāngai, he mirimiri, he tito, he pānui
He ako, he tuhituhi, he wete, he whakawhiti
Me he aho muka ka whiria
Ngā kīanga me ngā kupu a ō kahika
E kore te reo e ngaro i tō whatumanawa
I ō ringa, i tō waha, i ō āu tamariki anō
Koirā, e ai ki te Tokotoru a Paewhiti,
tā te puananī mahi.
E rere, e te puananī.

Hinewai Pomare

Ngāi Te Rangi, Ngāpuhi, Ngāti Pukenga, Te Rarawa

He mea tito nā Heeni Brown

Te Ramaroa e
Tōia mai Matawhao
Ki Te Puna
Ki Te Ao Mārama e …
Te Kōhanga nāna i whakataukī ai i konei
Ngāpuhi Taniwharau e!
Tū mai koe, Hinewai,
Te ramaroa o Te Kura Reo ki Whirinaki,
Te Ramaroa titiro ki Whiria,
Ki tāu i whakatutuki ai ki Te Paiaka
Te Paiaka o te kupu, te kawa o te reo,
E, ko te reo o Hokianga nui a tō tupuna, a Kupe, e …
Kia hoki whakarunga
Ki tō āhuru mōwai,
Ki Te Aho Matua, e …
Taku raukura,
E noho nei
I tō piki tūranga i te ao hauora,
Ki "Ko Awatea", e …
Kei wareware te iwi kei ō pokowhiwhi kaha,
Te pouwhirinaki o mua o te kapa o Tāmaki, o Ngā Mamaku,
Tū te ao, tū te pō, tū kai marangai,
E puta ki te wheiao, ki te ao mārama!

Mā Puhi Moana Ariki koe hei mau, e, Hinewai, ē!

Dr Hinurewa Poutū

Ngāti Rangi, Te Āti Haunui-a-Pāpārangi,
Ngāti Maniapoto

He mea tito nā Charisma Rangipunga

Ko wai hoki te waha o Rangatahi,
O Mātātahi, o Taiohi?
Mā wai hoki e whakatītina te reo o ngā tīpuna,
Ki te ngākau o Āpōpō,
Ki ngā ngutu o Anamata?
Ko te mana o ngā tamariki
Kei te āhuru o te kōhanga, o te kāinga.
Kei reira te oranga o tō tātou reo.
Ka titiro atu rā ki te poutū o Ruapehu.
I reira ka whakaata i te taiea o te Māori.
Ko ia hei toa mō te reo.
Ko koe rā, Hinurewa, e!

Hollie Smith

*Ngāti Tamakōpiri, Whanganui,
Rangitāne o Wairau, Ngāti Māmoe*

He mea tito nā Raiha Paki

Ko wai hoki te Hollie Smith nei?
Ko wai ngā iwi e tū mai nei?
Ko Tamakōpiri, ko Whanganui?

Ko wai hoki te Hollie Smith nei?
Ko wai te maunga e whakahī nei?
Ko Ruapehu?

Ko wai hoki te Hollie Smith nei?
Ko wai ngā wai e pūheke mai nei?
Ko Whanganui, ko Hautapu?

Ko wai hoki te Hollie Smith nei?
He aha ngā āhuatanga e pīata mai nei?
Ko reo waiata?

E hē!

Ko Ngākau māhaki, ko Ihu oneone

Ko Roro koi, ko Hinengaro auaha

E, ko te Ūkaipō o Te Oti, e hā!

Jamie Te Huia Cowell

Ngāti Porou, Ngāti Te Ata, Waikato, Pākehā

He mea tito nā Te Mihinga Komene

Te Remu o Te Huia

E whiti e te rā i runga o Tīkapa
Te huinga o ngā whānau a Hineauta, a Pōkai
Ko Pōhautea te kaitieki o ngā roimata o Hikurangi apu
   i te wai, apu i te reo
O ngā kōkā huhua
Ka eke ki te pūaha o Waikato
E piko ai ki Tauranganui
Te wāhi nā Te Puea i whakatū
Hao ika, hao mātauranga
Hei whāngai i te iwi
Āwhitu kau ana ki Tāhuna
Te mana i heke i a Te Ata-i-Rehia
He toi ake nō te whenua
Mana taiao, mana motuhake
Toutoua te ahi!
Ngā kāwai kōrero
Ka tiaina mōu
Ki a Te Huia e

Dr Karena Kelly

Ngāpuhi, Ngāti Hine

He mea tito nā Pānia Papa

Ki runga atamira a Atamai tū ai
He whakaako reo, he wetereo tāna kai
Nō Ngāti Hine, nō Ngāpuhi mai
Mō te whakairo i te kupu, haramai tōna pai!

Ko te reo ānō he taukaea
E paihere nei i tēnei whaea
Ki a huhua ākonga, huri noa
E whai nei kia matatau, kia toa

Haemata ana tēnei Kauri i te wao
Ki tōna maru a hua rangahau ka kao
Kei tōna Taikura, tōna uho, ko te tika
Ko te kawe haepapa kīhai i ārikarika

Ringa raupā, kanohi hōmiromiro
Nā ōna karu te huinga ruri nei i tirotiro
Mei kore ake te toki, i ū ai te kairangi
I ea ai te kupu, tēnei ka mairangi!

Karuna Thurlow

Waitaha, Kāti Māmoe, Kāi Tahu,
Te Whānau a Apanui, Ngāti Porou

He mea tito nā Gaynor Hakaria

Ripo ana te aroha
o te kāwai māreikura
Ko Amoraki ki muri
Ko Maruāpō ki mua
Te karoro inu tai

Nei ko Hine Rēhia
Nei ko Hine Raukatauri
Ka miria a Kākau e te reo waitī
Ka miria a Tarika e te kupu
Tōiriiri ana te hā
Whakaohooho ana ko Wawata

Koekoe ana te kōkōtea
Koukou ana te ruru
Inā te kākau mākoha,
te manawa tītī
Ao noa, pō noa

Ko Tūkōrero, ko Kāti Hinematua
Te karoro inu tai
Ka ita a Mauri
Ka koa a Kākau
He rā ki tua

Maiki Oriana Sherman

Ngāpuhi, Whakatōhea

He mea tito nā Nellie-Ann Te Kowhai Abraham
(Te Akamanea)

Tērā te uira ka hiko ki te rangi
E wāhi rua ana rā runga o Whakataha
Tangi ana te wai e rere nā
I tuawhenua ki tai
Haruru ana te putanga
Me ko te toto i Ōhaeawai

Tangitangi ana te kōtare
He āwhā e tata mai ana
Rere atu ana te kōtare
Me he pī ka rere i tōna kōhanga

I Kōkiri Te Rāhuitanga
Ka tau atu ki Te Koutu, ki Ruamatā
Nā Te Hiko o te Rangi mā ia i tāwharau
Kia puta ai hei raukura mō Te Aho Matua

Mai i Te Aho Matua ki te ihomatua
Te ihomatua ki te iho atua!
Mātauranga Māori tērā ka whanake
Nāwai rā, matomato ana te tupu o te pā harakeke

Nōhea rā te rito nei e unuhia,
Engari ka tiakina, ka arohaina
Waimarie ana i ngā awhi rito
Mau tonu, mau tonu te putanga o pito!

Āe mārika, he whakamaunga kanohi
He māngai, he paewai mō te iwi Māori
Ka kōmingomingotia te Whare Mīere; tika atu ki te rae!
Nā ōna tātai whakapapa pea ia i pērā ai!

Nō reira, e tika ana kia hoki
Ngā whakaaro ki Kororāreka
Te pūtakenga o te riri
Ki te hōkariri o ngā mātua tūpuna

Makoha Gardiner

Ngāti Ranginui, Ngāi Te Rangi, Te Arawa

Ko Matewiki
Ko Inuwaitai
Ko Meria
Ko Te Rangininikura
Ko Haimona
Ko Heta
Ko Ngāhaki
Ko Maia
Ko Takutai
Ko Tūroa

He mokopuna
He tamāhine
He taina
He tuakana
He whare tangata
He hoa
He pouako
He whaea whāngai
He kuia
He kaitiaki
Mata mano
Mana Motuhake
He wahine.

Maria Te Aukaha Huata

Ngāti Apakura, Ngāti Maniapoto, Ngāti Kahungunu, Ngāti Porou, Te Arawa

He mea tito nā tana tuakana, nā Haani Huata-Allen

Makatea patupaiarehe tō piringa
Ara mai rā, Apakura
Runga o Pūrekireki Wīwī
Iti rearea e taea ai te kahikatea
Ara mai rā, Tākitimu tangata
Tukemata pounamu o Kahungunu
Ehara i te toa takitahi, he toa takitini kē
Ara mai rā, Hikurangi, Marotiri
Uri o Karuwai, Te Aotāwirirangi
Kōpū i te ao, Pareārau i te pō
Ara mai rā, Whakaue, Te Arawa
He māngai nui tō momo
Auaha mai ō kupu, anō nei he huata rere rangi e
Hei whakahihiko i te wairua o tangata
Ūkaipō, whaea, whaene, hākui, kōkā
Atawhaingia, poipoia tō pā harakeke kia pakari te tū!
Tō koha nui ki te ao
Auē te pai!

Dr Mere Skerrett

*Kāi Tahu, Ngāti Rakiāmoa, Ngāi Te Ruahikihiki,
Ngāti Mahuta, Ngāti Unu, Ngāti Maniapoto,
Ngāti Pikiao, Ngāti Rongomai, Ngāti Te Rangiunuora,
Ngāti Whakaue, Ngāti Pūkeko*

*He mea tito nā tana tamāhine,
nā Hana Mereraiha Skerrett-White*

Tuawahine

Me he Tītī rere pō.
Me he Hōkioi rere ao.
Ka tau ki runga o ō maunga, o ō pūwhenuakura,
o Kakepuku, o Matawhaura, o Taupiri, o Aoraki.
Kia mawhiti rā te titiro
ki a Ranginui e tū iho nei,
ki a Papatūānuku e hora ake nei.
Te ueuenuku, te ueuerangi.
Whati mai ana ngā tai ki uta,
me te kōingo ōu
kia waihape mai ko te reo Māori,
ko ngā tikanga tuku iho,
ki ngā manomano kāinga, ki ngā kura,
huri, huri i te motu.
Rangahaua ana e koe, i te ao, i te pō,
ngā kai a ō tīpuna,
a Tāne te Wānanga, Tāne te Waiora, Tāne nui a Rangi,
hei whāngai i ō pīpī manu,
i te whare raupī o Te Amokura.

Kei te rau tītapu o whakaaro nui, o ngākau hūmārie,
o wairua pākiki,
e nonoi tonu ana kia ekea ngā taumata tiketike
o te mātauranga, hei aha rā?
Hei hihiri i te mahara.
Kia ketekete mai anō ai ko te kupu.
Kia tānekaha kē atu ai te Mana Māori Motuhake.
Koia ko te uho tāngaengae ki a rātou mā.
He aroha mau roa, e kore rawa e motu,
e ngaro atu ki te pō.
Waiho mai nei au
e karore haere ana i te ara
nāu i whakarite mōku,
kia mauri ora ai taku reo me aku tikanga
mō te ake, ake, haere ake nei.
Kia ea ai tā Te Wharehuia i whakatauākī ai,
Kia mate rā anō a Tama nui te rā
Kātahi anō ka mate tō tātau reo.

E tū tangata nei au i tēnei ao, nāu.
Tēnā rā koe, Māmā.

Nellie-Ann Te Kowhai Abraham (Te Akamanea)

*Ngāti Kahungunu ki Te Wairoa, Te Taitokerau Whānui,
Ngāti Raukawa ki te Tonga*

He mea tito nā Maiki Sherman

E ngata ai tā te kaikiri
Ka panonitia te ingoa whānau
Whāia ko mātou, hei tā rātou
Ngā maunga, ka whakarērea
Ngā awa, Te Reo
Tata korehāhā
Ka mū ko te waha
Ka rewa tonu ko ia

Te Akamanea
He wai nā te Atua
He āka kua mākona
He aka torotoro
Ki rangi tūhāhā
Nā Tāne tonu a ia
He whakakī i āna kete
Mō ōna uri whakaheke

Te Whare o te Kāhui Ariki
Te Whare Tapu o Ngāpuhi
Ōna poutokomanawa
E tū tika ai a
Nellie-Ann Te Kowhai Abraham

Tāna huatahi
Tāna tau
Āna tāne tokorua
Ē, ko te aroha, ē

Nichole Gully

Te Aitanga-a-Mahaki, Rongomaiwahine

He mea tito nā Urupikia Minhinnick

Ki te uia te papakupu
ko te *"Wikitōria o te Iwi"* tōna tikanga.
Ki te uia ahau
ko Tuawahine anō hoki!
Ki āna tama tokotoru
ki a Tanirau, ki a Nepia, ki a Herewaka-Jack
me ōna āpiti katoa
o mua, o muri hoki
i heke mai tōna momo
i tōna kōkā.
He ringa rehe ki te tao kai
    te tohunga o te manaaki
        He māmā ki te ao
me ngā kāwai rangatira o tōna whānau.
        Kei roto tonu i te ingoa o ōna iwi
Ngā tīwhiri mō tōna ngākau māhaki, inā hoki
"rongohia tō ātaahua ki te whenua katoa".
        Mō tēnei uri o Te Aitanga
            a Mahaki
        me Rongomaiwahine.
Koinei te kōhine o "te kōawaawa"
    kua wahine o "ia rā" ināianei.
Ānō nei he wai whakaata ia
    kia kitea e te tangata
        ōna tini pitomata

ōna kura huna.
Ka whakaatahia ki te ao
Mā te whakapono—e taea ana,
e taea ana!
Koinei te koha a tēnei
ringa tōhau nui.
Ko te whakarauora reo
me ngā mātauranga Māori.
Kia whita! Kia rere!
Te Reo o te kāinga
o ngā whānau
o ngā hapori
me ngā tū kura whānui.
Kia eke anō a Māori ki tōna ikeiketanga.

Pānia Papa ONZM

Ngāti Korokī-Kahukura, Ngāti Mahuta

He mea tito nā Dr Hinurewa Poutū

Tangi kau ake te reo waitī
o te manu korokī i raro i te maru
o Maungatautari.
Ehara, ehara!
He piki amokura, ngutu kairangatira,
e whāinu nei i te motu
ki ngā hua o tōna kōwhanga whairawa, o Pōhara.
Mākūkū te korokoro i te wai kōrari
hei miri iho i te hoi o te taringa.
Me he tīrairaka te kakama
o ngā wae parahutihuti i te papa poitarawhiti.
Tūtū ana te hīnawanawa i ngā tini titonga,
Waiata, haka, kōrero pārekareka.
Kia tika mārika! Waihoki, kia kairangi.
Mā reira e kīia ai he reo kāmehameha.
Ahurei te taumata
Ahakoa te hinonga
Ko te iho pūmanawa
Ko Pānia Christine Papa!

Raiha Paki

Ngāti Tamaterā, Ngāti Tūwharetoa

He mea tito nā Pānia Papa

Wahine kātuarehe—taiea ana te tū
Wahine hāereere—mātātoa, koia pū
Ki ngā tōpito o te ao, kāore nei ōna here
Wahine korikori—nakawhiti ana te rere
Wahine pāpāho—ihumanea ana te ui
Wahine hūmārika—hei kura mō Tainui
Wahine auaha—he kaka ka tuia
Wahine moko—he ata nō ō kuia
Wahine whakapapa—ko mana ka mauroa
Wahine māhaki—hei kura mō Tūwharetoa
"Hinana ki uta, hinana ki tai".
Wahine kātuarehe, ko koe tēnā, e Rai'.

Rauhina Cooper

Ngāti Kahungunu, Kāi Tahu

He mea tito nā Beth Dixon

He ringawhero, he ringarehe
I te waka kua tāraia ki te kupu
E whakatere nei i te au o te reo Māori
I tōna rangiwhāwhātanga
Kia ora mai anō
Kia rangatira mai anō
He timu, he pari
Hai reo mō te āpōpō.

Ko Te Awhiorangi tō rite
E wāwāhi nei i ngā piki, i ngā heke
Kia tika te reo
Kia rere te reo
Kia Māori te reo.

Te wai e rarapa ana, e, ko Wairarapa, ē!
Whakarewaina ake a Aorangi maunga
Te ahureinga o Ngāti Hinewaka
Te Mātakitaki a Kupe

Tau atu ana ki te Tapuae o Uenuku
Te kōtihitihi ki Kaikōura
Te takahanga o Ngāti Kurī
Te taura here ki Aoraki
Ko Tākitimu
Ko Ngāti Kahungunu
Ko Ngāi Tahu
E, ko Rauhina, ē!

Ruth Smith

Ngāti Kōhuru, Te Aitanga-ā-Mahaki

He mea tito nā Hana Mereraiha Skerrett-White

Manawa maiea te Mātahi o te tau
Manawa maiea te putanga o te ariki
E mahuta ake ai ko Haki Haratua i te rāwhiti
Hīnātore mai ana ko te whetū tārake o Te Aitanga-ā-
  Mahaki
I whānau mai i te tuangahuru o te tau
I te pō Atua o te Kāhuiruamahu.
Te ahureinga o ōna tīpuna
O Hine Te Iwaiwa, o Hineruhi, o Hine Te Rēhia
Ka rongo te pō, ka rongo te ao
I tōna reo waitī e rere ana
I ngā wai hihiri o te waihīrere
Inati ana te wawani o te kapowai
I te rongohanga o ngongoto, o ngingiri
E kukume nei i ngā tauwharewharenga
O te ngākau, kia puea ake ai ko ngā rau mahara.
Me he manu tute e ārahi ana i ōna uri
Kia takahia te ara o reo kia tika, kia rere, kia Māori.

Me he manu kai kapua,
Me he manu kai pakiaka
E karore haere ana, huri i te ao
I ngā hau kōkōuri
I ngā hau kōkōtea
O whakaaro nui ki ngā reo taketake,
Ki te ahurea me te ora o te tangata.
He wahine atamai, He wahine marae, He tuawahine.

Qué alegría cruzar caminos contigo y saber que nos queda toda una vida de aventuras. Te quiero mucho, Amor.

Shaia Twomey

*Ngāti Kahungunu ki Te Wairoa, Ngāti Kuia,
Ngāti Maniapoto, Te Ati Haunui-a-Pāpārangi,
Ngāti Raukawa te au ki te Tonga*

He mea tito nā Helen Parker

Ko te inati o Ngāti Raukawa
He manawa kokonga rau
Ko te Awa Tupua tōna rite
"Ka ora pea i a koe, ka ora koe i a au"

Mō te whāngai, mō te manaaki,
Kāore i kō atu
Ahakoa te momo kai
Ka kore rawa e kaiponu

Ko tā te kaiwhakatere waka
Ko Tangaroa tōna āhuru
He kanohi kai mātārae
Ka whāia ngā whetū

He pukutohe tana whai
I te iti kahurangi
Ko tōna waka, ko te reo
Ko āna ākonga te take

Ahakoa ka tau anō pea
Te rā ki te Paerangi
Ko Rēhua, e rikoriko ana
Te tohu o te kairangi

Stephanie Huriana Fong & Dr Jennifer Martin

Te Rarawa, Te Aupōuri, Te Hikutū

He tuakana, he teina nō Raro, nō Mitimiti
He raukura nō te kura o Hoani Waititi
Kei te arero tūpuna te oranga
Nō Steph rāua ko Jen te whiwhinga

Ko ngā rotarota a Kui Maya i whakamāorihia ake
Ānō e whakaahua ana i tō rāua kuia ake
Nō te Kura kuia nei ka manawa kiore kau
Nā ā Maya kura kupu i wāhi rewa ai te ngākau
Ko Kuramauhaere ki te kāhui pō kau
Ko ōna momo, i ēnei kupu ka mau
Mā Tāwhiuira, mā Anekura, ēnei kura huna
Koinei ko ā Kura "moko-moko", ko ā Kura mokopuna

Te Mihinga Komene

*Waikato-Maniapoto, Ngāpuhi, Ngāti Tamaterā,
Ngāti Whakaue, Ngāti Pikiao, Ngāti Porou*

He mea tito nā Jamie Te Huia Cowell

Ko Mene tō hoa, e te mata harikoa
Ko tō whānau me tō reo kia rea, kia ora.

Pōkare ana te wai o Waitematā
I te whakawhitinga o Te Piriti o Akarana
I te whīkoitanga o Whaea Whina mā
Koia te rā i whānau mai ai koe ki te ao mārama
Hei mokopuna, hei taonga ki ngō tūpuna
Ki ngō kuia, ki ngō pou rā—
Pou ārahi—pou whirinaki—pou tiaki

Mana tuku iho—mana wahine
Nō Te Whānau-a-Karuai ki Ngāti Porou
Nō Ngāti Whakaue
Nō Te Whenua Tieke
Nō Ingarangi me Airangi
Nō Ngāti Tamaterā
Me Whirinaki
Nō Ngāti Ueoneone ki Ngā Puhi
Nō Ngāti Apakura hoki
Ko koe rā hei raukura mō ngō koutou iwi

Ka puāwai mai he wahine toa
He tuakana, he whaea, he kuia, he hoa
He pou ki ngō tamariki me ngō ākonga katoa
Pou ārahi—pou ako—pou tiaki
Poupou o te whare makatea
Poupou o te whare tapere
Ko ngō whakanikoniko, ko Mātauranga
Ko Hangarau, ko Matihiko

E te manawa tītī, ringa raupī, raupā
E te wairua auaha, e te tāiki ngāpara
He kaha nō tō whakapau kaha
Ki te tuku akoranga ki te tini
Nei rā te mihinga a te ngākau iti,
E Minga, Nōni, Te Mihinga, ē!

Te Uranga Winiata—otirā, ko Sheryl-Lee Bessie Te Uranga Belk Winiata

Ngāti Te Ata, Waiohua, Rereahu, Tūwharetoa, Taranaki, Ngāti Hine, Ngāti Whātua, Te Rarawa

He mea tito nā Corin Merrick

Tōna wairua āroi
Ka kitea i te awatea
Ka rangona i te pōuriuri
Reo ohooho
Reo rōreka
Reo āki
Nāna i rere ai
Te reo Māori
I te ao ngaio

He rerehua nō Rereahu
He Ata nō ōna kuia

Tōna atamai
He momo nō te ihu oneone
Tū mai ia hei kaiwhakaawe
I ngā peka o te rākau ture e tupu haere nei
Mai i Te Pane o Mataoho ki te Āporo nui
Te Paerōia
Te Paerua
Te Pae Huarewa

Ko te uranga o te rā ki Tongariro
Ko te uranga o te rā ki Taranaki

Tōna ngākau atawhai
Ritenga kore
Ka piko
Ka tupu
Āna māhuri tōtara
Tāna takoha nui ki tēnei ao

He kahurangi nā ōna whātua
He kiriūka nō Hineāmaru

Urupikia Minhinnick

Ngāti Te Ata

He mea tito nā Nichole Gully

Mai i te pūaha o Waikato,
ki te pūaha o Te Mānuka,
te tere hūrokuroku nei a tēnei taniwha hikuroa,
te ata o Kaiwhare.

Ka kīia atu rā,
*"Ka whiti te rā ki tua o Rēhua,
ka ara a Kaiwhare i tōna rua".*

Koia hoki tāna i āna tini karawhiunga
kia whakahokia te reo
me ōna āhuatanga katoa
mai i te mata o te pene,
ki te mata o te arero.

Mā reira e puāwai ai āna mokopuna,
āna taonga piripoho ki te ao,
e māori anō ai te reo,
pēnā anō i te hau e āmio nei.

Nei a Urupikia Minhinnick

Wawaro Te Whaiti

Ngāti Kahungunu ki Wairarapa, Kāi Tahu, Rangitāne

He mea tito nā Pānia Papa

Ka mawhiti, ka rarapa
Ki ngā wai kōingo rau a Hau
Me he wairere koe
Hei whāngai i te puna
O Mātauranga, o Hangarau

Karu hōmiromiro
Ihu oneone
Arero maioha
Manawa popore
Tuarā whānui
Ringa morimori
Puku tākaro
Wae kai pakiaka

Ka mawhiti, ka karapa
Ki ngā papa houkura
Me he rau harakeke
Hei awhi i te rito—
Ngā mumu reo e pihi ake nei

Kotahi Rau Pukapuka 13
Kia puāwai te aroha ki te reo
mā te rau pukapuka.
www.kotahiraupukapuka.org.nz

Nō te tau 2024 te tānga tuatahi
Auckland University Press
Waipapa Taumata Rau
Pouaka Motuhake 92019
Tāmaki Makaurau 1142
Aotearoa
www.aucklanduniversitypress.co.nz

He whakamāoritanga tēnei i ētahi o ngā ruri o te pukapuka o *Maya Angelou: The Complete Poetry.*

He mea tā tēnei whakamāoritanga i runga i te whakaritenga me Random House, he tapanga, he wāhanga hoki nō Penguin Random House LLC.

Maya Angelou: The Complete Poetry © 2015, nā ngā kaitiaki o ngā rawa tuku iho a Maya Angelou

Ko te whakamāoritanga © nā ngā Ika a Whiro o Te Panekiretanga o te Reo, 2024

He mea kohikohi e Charisma Rangipunga rāua ko Pānia Papa

Te kairuruku: Ko Charisma Rangipunga
Te kanohi hōmiromiro: Ko Karena Kelly
Te kanohi hihira: Ko Kohekohe Pihama
Ngā pou hihira: Ko Pānia Papa rātou ko Katharina Bauer, ko Lauren Donald, ko Mairātea Mohi

ISBN 978 1 86940 942 5

He mea tautoko nā Te Mātāwai –
Kia ūkaipō anō te reo.

He mea tautoko nā Creative New Zealand

Kei te pātengi raraunga o Te Puna Mātauranga o Aotearoa te whakarārangi o tēnei pukapuka.

E tiakina ana ngā manatā. Atu i ngā take whakamātau tūmataiti, i ngā take rangahau rānei, i ngā take whakawā rānei, i ngā take arotake rānei ka whakaaetia i raro i ngā here o te Ture Manatā, me kaua e tārua tētahi wāhanga o tēnei pukapuka, ahakoa pēhea nei te whakaputa, kia āta whakaaetia rā anōtia e ngā kaipupuri i ngā mana o te pukapuka nei. Kua whakaūngia te mana matatika o te kaituhi.

Te kaihoahoa: Ko Neil Pardington
Te kaiwhakaahua: Ko Chester Higgins
Te kaihoahoa tuarā: Ko Kawariki Morgan

He mea whakarite e Markono Print Media Pte Ltd kia tāngia i Hingapoa.